BALONCESTO

NEUROCIENCIA APLICADA AL TIRO A CANASTA

Concepto y 50 tareas para su entrenamiento

Grupo IAFIDES

Título: BALONCESTO. NEUROCIENCIA APLICADA AL TIRO A CANASTA. CONCEPTO Y 50 TAREAS PARA SU ENTRENAMIENTO
Autor: GRUPO IAFIDES
Corrección del texto: MANUELA CASTILLO SOLER

Editorial: WANCEULEN EDITORIAL
Sello Editorial: WANCEULEN EDITORIAL DEPORTIVA

ISBN (Papel): 978-84-18486-65-4
ISBN (Ebook): 978-84-18486-66-1

DEPÓSITO LEGAL: SE 1875-2020

Impreso en España. 2020

WANCEULEN S.L.
C/ Cristo del Desamparo y Abandono, 56 - 41006 Sevilla
Dirección web: www.wanceuleneditorial.com y www.wanceulen.com
Email: info@wanceuleneditorial.com

ÍNDICE

INTRODUCCIÓN

En la iniciación al mundo del entrenamiento es muy usual intentar encontrar una receta o una fórmula que resuelva nuestras necesidades y que cubra las posibles lagunas que tengamos en nuestro conocimiento o en nuestra capacidad.

La complejidad y diversidad del juego hacen que haya que tener un conocimiento del mismo, para su enseñanza y para su aprendizaje en algunos casos.

Este libro con tareas no pretende ser una respuesta matemática a las necesidades que pueda tener un entrenador para encontrar soluciones a los problemas que se le planteen. La intención es poder manejar recursos, adaptarlos a nuestra realidad de entrenamientos y que puedan introducirnos y orientarnos a conseguir en el entrenamiento los objetivos pretendidos.

He reducido el uso de material para simplificar y poder llegar a cualquier nivel de recursos y que puedan ser llevadas a cabo en cualquier realidad, sin necesidad de unos materiales que dificulten su realización.

Existen distintos tipos de tareas para la mejora del dominio colectivo de cualquier medio que queramos que nuestro equipo maneje durante el desarrollo de los partidos. Atendiendo a la metodología empleada, la duración, los espacios, el número de jugadores... pueden variar para satisfacer nuestro modelo de juego.

A continuación, seleccionaré distintas tareas, desde las más simples a las de mayor complejidad, para poder aplicar los beneficios de la neurociencia al tiro a canasta dentro de las tareas y que puedan formar parte de distintos modelos de juego ya que, atendiendo a las pretensiones de cada entrenador y a la metodología a emplear, cada uno debe introducirlas donde considere oportuno. Estas tareas carecen de un contexto y de una estrategia operativa, para los cuales necesitarán adaptación por parte del entrenador a todas las variables que crea que pueden tener incidencia en el desarrollo del juego de su equipo y a las características del mismo.

En este libro se indicarán el número de jugadores y la división y distribución de los espacios. No obstante, para que la tarea se adapte a cada equipo, estado físico de los jugadores, modelo de juego y metodología, cada entrenador la deberá adaptar en cuanto a metros las distancias, los espacios e incluso en número de jugadores en algunos casos para tener un mejor desarrollo con su equipo.

Las tareas no tendrán límites de contactos para conseguir nuestro objetivo, ya que habrá jugadores que necesiten o decidan utilizar un número mayor por necesidades del juego, por condiciones técnicas o por condicionantes físicos de desarrollo. No obstante, al ser tareas abiertas, el entrenador podrá condicionarlas si lo cree necesario u oportuno para conseguir los beneficios pretendidos conociendo la realidad a la que las va a exponer.

EL TIRO A CANASTA

El tiro a canasta está considerado como la acción que consiste en lanzar el balón hacia la canasta introduciendo el balón directamente en el aro o apoyándonos en el tablero. Este lanzamiento podrá realizarse con todas las superficies que permite el reglamento.

El objetivo final del juego de un equipo con balón, independiente de la forma en la que se produzca, es el tiro a canasta con la intención de anotar.

El tiro en el baloncesto debido a la intensidad y agresividad del juego en defensa es un factor importante, por eso resolver desde lejos se hace primordial. Todos los movimientos que se hacen en el campo intentan buscar situaciones ventajosas para tirar a canasta.

La neurociencia es un área científica que estudia del sistema nervioso en todo su ámbito. La neuroeducación es la aplicación de la neurociencia al aprendizaje y estudia cómo funciona el sistema nervioso cuando aprendemos. La neurociencia educativa estudia el proceso por el que nuestro cerebro aprende basándose en la genética, el entorno y la experiencia, junto con los procesos cognitivos y emociones y, además, estudia qué sentimientos influyen en el aprendizaje.

Hay una tendencia educativa muy fuerte afianzada en estos conceptos y cada día se ve más reflejada en la enseñanza del deporte, aunque que mal entendida puede llevar a errores y a no conseguir los resultados pretendidos.

El proceso de la toma de decisión es:

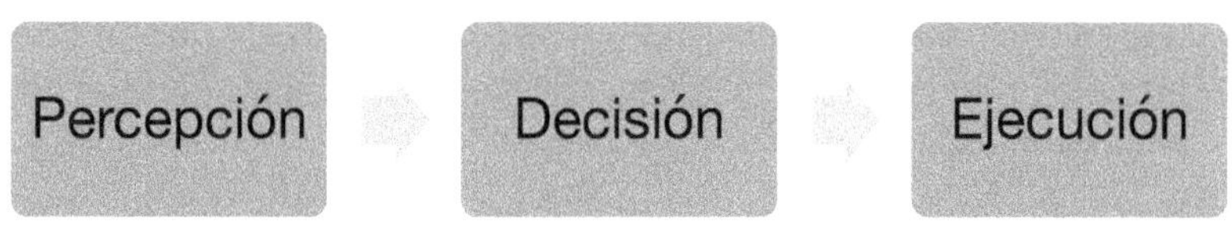

Pero en deportes como el baloncesto, en el que se toman muchas decisiones en cada acción, la realidad es cambiante y el jugador está sometido a estrés competitivo en su desarrollo y aprendizaje (aparecen la testosterona y el cortisol) y el mecanismo de nuestro cerebro tiene que responder a las distintas situaciones sin posibilidad de pensar cuál es la mejor solución. La experiencia y el control de las emociones hará que el mecanismo sea:

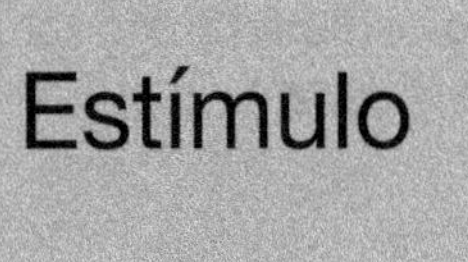

Entenderemos por estímulo la percepción de lo que está sucediendo, usando los sentidos para decidir con mayor pericia, pero sin la posibilidad de reflexionar para dar una respuesta.

El foco de atención hay que ponerlo en lo importante y ser selectivo, esa capacidad es importante para el desarrollo de los jugadores.

Para desarrollar la neuroplasticidad se necesita de distintos tipos de memoria:

- Memoria declarativa: capacidad de recordar eventos, números, estímulos sensoriales y relatorios.
- Memoria de procedimiento: capacidad de ejecutar acciones motoras complejas aprendidas con anterioridad.

Los entrenadores tenemos que buscar desarrollar una inteligencia resolutiva.

Cualquier acción requiere una interpretación de lo que está sucediendo, pero no puede ser reflexiva. No existe tiempo para valorar. Si el jugador se para a reflexionar y a valorar perderá cualquier tipo de ventaja que pueda tener ante una situación determinada. Los entrenadores tenemos que darles herramientas para que su ejecución sea eficaz y para que el jugador sea eficiente. Digo eficaz porque para el tiro a canasta son igual de válidos los tiros que se realizan con una mano o con otra, apoyado o no en el tablero (siempre que entren de forma reglamentaria en la canasta rival).

El jugador de baloncesto tiene que estar en condiciones óptimas para competir y poder rendir durante los partidos. Si un jugador falla un tiro en un partido no sólo tiene que ser porque sea malo técnicamente o porque no lo haya ejecutado bien; puede ser porque se puso nervioso ante la presión del rival y se precipitó, porque el rival no le dejó armar el tiro, porque no debió tirar porque tenía otra mejor opción, porque el rival se anticipó a su acción...

¿Cómo corregimos esto?

Parar a los dos equipos en una simulación de la acción en la que se le explique al jugador en cuestión cómo o dónde tenía que haber ejecutado el tiro a canasta se considera una pérdida de tiempo y de energías que no produciría ninguna mejora en el jugador ni en el equipo. Hay que darle un *feedback* rápido y conciso y seguir con lo siguiente. Igualmente, después de esto, poner a un jugador frente a la canasta y hacer un alto número de repeticiones del tiro para la corrección de lo sucedido buscando una mejora del juego colectivo sigue siendo poco útil. Las situaciones rutinarias se olvidan.

Se aprende a tirar equivocándonos en el tiro, y tirando una y otra vez en distintas situaciones, lo importante no es que el tiro esté bien ejecutado en cuanto a unos patrones de ejecución del gesto técnico (que es lo que queríamos), lo importante es que, cuando lo falle, lo recupere pronto o cómo le pedimos que lo recupere para poder tener otra posibilidad de tirar a canasta y conseguir anotar, por ejemplo.

Entonces, tenemos que preparar al jugador para que sea capaz de resolver todas las acciones del juego, porque a lo mejor lo que estuvo mal ("con el periódico del lunes") no es el tiro, sino que no debió pasar para seguir manteniendo el balón y atraer a los rivales, creyó que tenía una buena opción de tiro a canasta y no era así... Con lo cual, tenemos que preparar a los jugadores para que sean capaces de resolver las situaciones de juego.

La tendencia para corregir un error es aislarlo y trabajarlo de manera aislada para la mejora del rendimiento, pero la experiencia y el entendimiento del juego como una realidad única indisoluble hace pensar que nos acerca más al error porque no produce una mejora en el juego colectivo, sino una mejora de una acción aislada, que nunca más se volverá a repetir durante la vida deportiva del jugador.

En la búsqueda de la perfección de los modelos de juego, los entrenadores tendemos a desmenuzar el juego con principios, subprincipios, subsubprincipios... que nos hacen explicar cómo juega nuestro equipo y esto hace que en muchas ocasiones nuestros entrenamientos se pierdan en la mejora de factores técnicos aislados que pensamos que son los que hacen errar a los jugadores aunque puede ser, por poner un ejemplo, que nuestro modelo de juego les esté pidiendo a nuestros jugadores cualidades técnicas que no les pertenecen, que no son las que les hacen mostrar su talento o que la decisión no haya sido la adecuada.

En etapas de formación nos gusta enseñarles a los jóvenes jugadores cómo es la ejecución del tiro a canasta y hacer esa demostración *"que saca a relucir esa calidad técnica que tenemos todos los entrenadores, muy superior a la de nuestros jóvenes aprendices"*.

El jugador bueno que todos queremos tener en nuestro equipo es el que sabe cuándo tiene que tirar a canasta en vez de conducir, el que tira y anota, el que interpreta la acción de un compañero, el que se anticipa al juego del contrario..., en definitiva, el que toma bien las decisiones sobre el terreno de juego.

Es igual de válido anotar realizando un tiro a canasta "de gancho" que realizando un mate siempre y cuando entre en la canasta rival (cumpliendo el reglamento). Puede no ser igual de estético según los patrones motrices del tiro a canasta, pero si el jugador puede ejecutarlo con destreza y consigue anotar de manera habitual... ¿por qué no?

Cuando entrenamos o preparamos a nuestros equipos tenemos que diseñar nuestras sesiones de entrenamiento. Hoy en día se hacen multitud de tareas intentando "perturbar" la decisión para condicionar al jugador en su toma de decisión; se utilizan varios "recursos" como cambiarle el color en el último momento que le indica dónde tiene que tirar, decirle un número para que tenga que desplazarse hacia un lugar, tocar el silbato y finalizar la jugada... Y yo me pregunto por qué en un "juego" como el baloncesto, en el que intervienen tantos factores, que queremos que el jugador domine y sepa interpretar en cada momento, los estímulos que utilizamos para que el jugador ejecute no tienen nada que ver con el juego.

Durante el juego se coordinan diferentes procesos cognitivos de manera simultánea con la visión periférica.

La visión periférica es importante, pero saber poner el foco en lo relevante es clave para la correcta toma de decisión. Existe un gran número de trabajos aplicados desde el área física, en su mayor parte, que utilizan estas teorías y estos artículos científicos sobre el aprendizaje en los entrenamientos, pero muy alejados del juego.

En todas las facetas del entrenamiento se intentan copiar procedimientos de otros deportes que a lo mejor están más avanzados o tienen un mayor grado de estudio y demuestran transferencia. Las situaciones no se repiten nunca en el juego, no hay dos pases iguales en un partido, no hay dos tiros a canasta iguales en un partido, no hay dos ataques iguales en un partido... Entonces, si estamos de acuerdo en esto, ¿no sería mejor preparar a nuestro equipo para que sepa reaccionar mejor ante las situaciones que se dan en el juego y ante estímulos que tengan que ver con este y no con colores, números, palmadas, pitido del silbato...? Existen muchas dudas de que en un entrenamiento el hecho de que un jugador "vea el rojo y se desplace hacia donde está el color rojo", tenga algo que ver con el juego, con su preparación y con su mejora como jugador. Mejorará capacidades del individuo, pero no entiendo que mejore como jugador. Es como si pensáramos que a un atleta de 50 metros lisos le va a producir una mejora de su rendimiento en la competición saltar hacia el lugar rojo después de ver ese color.

Además de esto, nos encontramos con una variable más que, en nuestro intento por "perturbar" el juego al jugador, nos lleva a querer inventar, hasta el punto de que no somos conscientes de que estamos "desentrenando" a nuestros jugadores. ¿Qué pasa en un partido cuando suena un silbato? Pues que se pone en juego el balón o que se tiene que detener el juego. Y si nosotros usamos el silbato para cambiar de zona de juego, para tirar a canasta, para pasar el balón... estamos utilizando un estímulo que el jugador tiene que identificar durante el partido para sacar rápido, pararse... para algo que no le va a ser útil después e, incluso, puede crearle alguna confusión en edades tempranas.

Con esto no quiero decir que no se hagan juegos de activación, que no se hagan este tipo de tareas que nos pueden servir para entretener a los jugadores o como dinámicas de equipo, sólo expreso que, si queremos entrenar baloncesto y sacar mayor rendimiento a los entrenamientos, los que no disponemos de muchas horas para poder entrenar a nuestros equipos tenemos que intentar que nuestras tareas tengan la mayor transferencia al juego posible.

Siempre será mejor trabajar para que nuestro equipo en una tarea pase a atacar cuando pierda el balón el equipo contrario, pase cuando haya un movimiento de desmarque del compañero, presione cuando el equipo contrario llegue a una zona, tire a canasta cuando sea la mejor opción... y conseguiremos mayor transferencia al juego o a nuestro juego, según el equipo donde estemos, la edad o capacidad de los jugadores que entrenemos y el modelo de juego que queramos desarrollar con nuestro equipo.

Se podría argumentar que estos estímulos intentan "molestar" al jugador para entrenar la capacidad de enfocarse en lo que está haciendo. Estímulos que nunca se va a encontrar en un partido.

¿Y si ponemos al jugador a tirar a canasta ante jugadores que intentan obstaculizar el tiro y compañeros que le dan otras soluciones? Unos lo conseguirán y otros no. El jugador tendrá que identificar el estímulo al que tiene que reaccionar (posibilidad de tiro a canasta) y tirar con ventaja descartando todos los demás estímulos (desmarques de compañeros que no se consiguieron, rivales que intentaron obstaculizar y no lo hicieron, ...). Y si además el jugador tira a canasta ante la presión de un jugador, se cruzan otros jugadores por medio, si falla el tiro tendrá que presionar para volver a tirar a canasta... podremos aumentar la carga cognitiva de lo que estamos entrenando utilizando elementos del juego. Estímulos ante los que tendrá que reaccionar y dar una respuesta o descartar.

De esta manera, conseguiríamos contextualizar las acciones, hasta el punto que lo consideremos necesario y se atienda al nivel de los jugadores a los que vayamos a exponer las tareas. Controlando y adaptando las cargas cognitivas.

Hay que intentar como entrenadores que el entrenamiento sea un medio facilitador del aprendizaje.

Nuestro objetivo como entrenadores es ayudar a nuestros jugadores en su proceso de aprendizaje, bien sea en formación o en alto rendimiento, compitiendo. Durante un partido en baloncesto, por mucho que intentemos que la competición sea lo más sana y educativa posible en su iniciación, compites con un rival para ganarle, porque es inherente al juego mismo. Los estímulos y las respuestas tienen que estar encaminados al aprendizaje del jugador y tienen que tener estrecha relación con lo que puede pasar en un partido para que el aprendizaje sea significativo, bien sea una situación en la que la respuesta siempre sea la misma (por ejemplo, tirar a canasta) y que la decisión sea cómo tirar (con un en suspensión o estático) o bien una situación en la que haya muchas respuestas (contraataque) y muchas posibles decisiones dentro de esa respuesta (puede haber infinitas en la ejecución).

Para ello, la complejidad de la tarea irá estrechamente relacionada con la capacidad de aprendizaje y el desarrollo de las capacidades del jugador o del equipo.

Las tareas más analíticas en el aprendizaje, para las mejoras de los gestos técnicos como tales, deben llevar una toma de decisión para su eficiencia, ya que enseñar los gestos técnicos disociados de todas las variables del juego preparan al jugador para tener destreza en una acción determinada, a una distancia determinada, aplicando la misma fuerza y sin ninguna toma de decisión y los jugadores están constantemente tomando decisiones en un partido por la realidad cambiante del juego. Por ejemplo, un jugador frente a la canasta, tirando a siete metros de distancia es una tarea o ejercicio que sólo le producirá al jugador una mejora del tiro a esa distancia precisa y el aprendizaje carecerá de mejora cognitiva alguna. Mientras que ese tiro a canasta variando la distancia, modificando la velocidad a la que se mueve, moviéndose entre conos o rivales, cambiando de espacios,... o cualquier otra variable que haga que la repuesta sea siempre la misma (que consistirá en tirar a canasta), la decisión de la ejecución será distinta y el proceso de aprendizaje llevará una carga cognitiva mayor y esto repercute directamente en la mejora del jugador en cuanto a sus respuestas en el juego.

Los condicionantes espaciotemporales, humanos y reglados de las tareas tendrán estrecha relación con el juego, no puede ser un condicionante para el jugador una cuerda para marcar la altura del tiro, el condicionante debe tener relación con el juego, por ejemplo, poner un rival entre él y la canasta e ir adaptando los espacios y número de jugadores al proceso de aprendizaje y al jugador o los jugadores.

En las siguientes tareas los estímulos e indicadores para tirar a canasta serán estímulos e indicadores propios del juego para identificarlos en cada momento. Realizar un tiro a canasta, conducir o cambiar de zona después de un estímulo auditivo (voz del entrenador, silbato...) o cualquier otro que no tenga nada que ver con lo que pueda pasar en un partido de baloncesto (mostrar un color, aviso del entrenador o de un compañero,...) nos ayudarán a realizar las tareas, pero no a utilizar con la destreza específica el tiro a canasta y a desarrollar el aprendizaje en el jugador; con lo cual, los estímulos, indicadores o recursos utilizados tendrán transferencia al juego y podrán ser adaptados por el entrenador atendiendo a la realidad a la que los vaya a exponer.

SIMBOLOGÍA

Jugadores Equipo A	
Jugadores Equipo B	
Jugadores Equipo C	
Desplazamiento sin balón	
Desplazamiento del balón	
Conducción del balón	
Desplazamiento del balón por alto	
Lanzamiento a portería	
Balón	

NEUROCIENCIA APLICADA AL TIRO A CANASTA

50

TAREAS PARA SU ENTRENAMIENTO

Tarea N° 1	Objetivo Principal	Mejora del tiro a canasta
	Jugadores	2 (1x1)

Explicación

El jugador en la línea de tiros libres, pasa el balón al jugador, sale por los laterales del círculo y va a presionar el tiro. El jugador que se adelanta al cono o silueta debe tirar a canasta para anotar eludiendo al contrario.

Tarea N° 2	Objetivo Principal	Mejora del tiro a canasta
	Jugadores	3 (2x1)

Explicación

El jugador en la línea de tiros libres, pasa el balón al jugador, sale por los laterales del círculo y va a presionar el tiro. El jugador que recibe se adelanta al contrario (que no podrá oponerse al tiro hasta que lo vea) para tirar a canasta eludiendo a los contrarios.

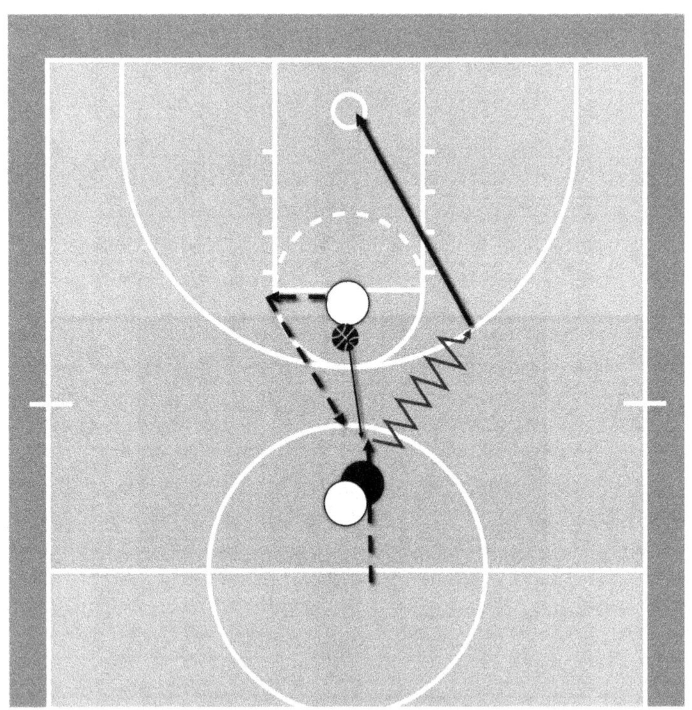

Tarea N° 3	Objetivo Principal	Mejora del tiro a canasta
	Jugadores	2 (1x1)

Explicación

Los jugadores distribuidos como en la imagen. El jugador con balón pasa el balón, sale hacia un cono y va a presionar el tiro a canasta. El jugador que recibe se adelanta al cono o silueta para tirar a canasta eludiendo al contrario.

Tarea N° 4	Objetivo Principal	Mejora del tiro a canasta
	Jugadores	3 (2x1)

Explicación

Los jugadores distribuidos como en la imagen. El jugador con balón pasa el balón, sale hacia un cono y va a presionar el tiro a canasta. El jugador que recibe se adelanta al contrario (que no podrá presionarle hasta que no lo vea) para tirar a canasta eludiendo a los contrarios.

Tarea N° 5	Objetivo Principal	Mejora del tiro a canasta
	Jugadores	4 (2x2)

Explicación

Dos jugadores equipo se pasan la balón sin que caiga al suelo entre ellos, una pareja de otro equipo entra en el cuadrado a presionar y robar el balón para salir y tirar a canasta con la presión de los que perdieron.

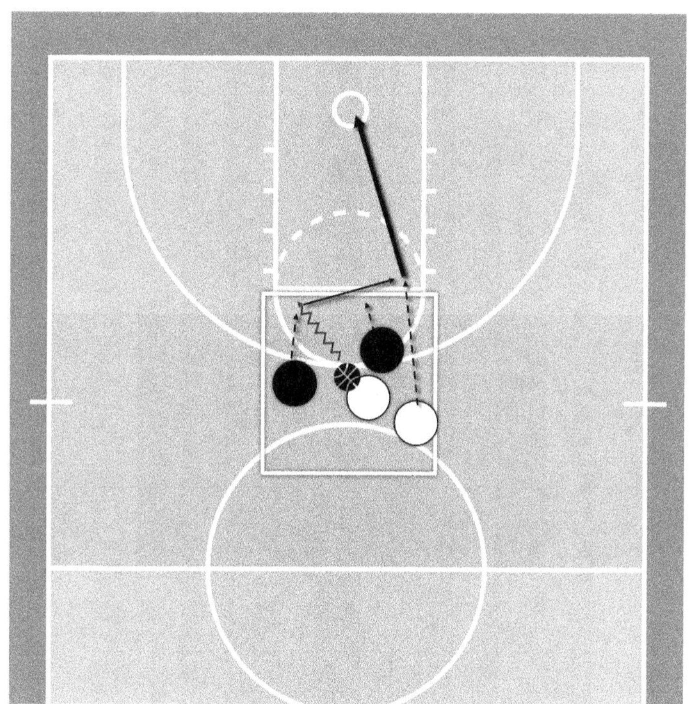

Tarea N° 6	Objetivo Principal	Mejora del tiro a canasta
	Jugadores	5 (2x2+1)

Explicación

Dos jugadores del equipo equipo negro se pasan el balón sin que caiga al suelo entre ellos, una pareja de otro equipo entra en el cuadrado a presionar, roba el balón y salen a tirar a canasta con la presión de los que perdieron y el jugador que esperaba fuera, que los esperará en cada ocasión en una posición distinta..

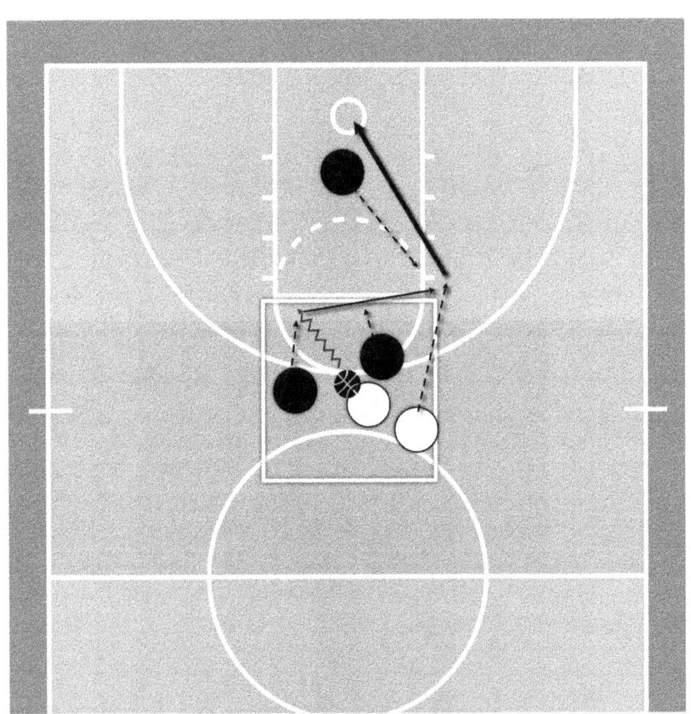

Tarea N° 7	Objetivo Principal	Mejora del tiro a canasta
	Jugadores	3

Explicación

El jugador con balón conducirá hacia la canasta y uno de los jugadores de manera aleatoria irán a presionarle para evitar el tiro a canasta. El jugador no sabrá cual saldrá en cada ocasión.

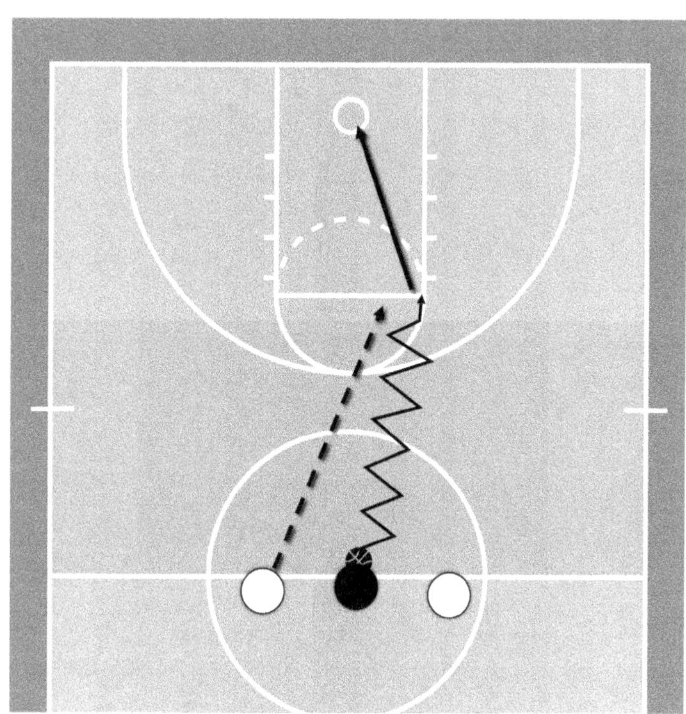

Tarea N° 8	Objetivo Principal	Mejora del tiro a canasta
	Jugadores	5

Explicación

El jugador con balón conducirá hacia la canasta y dos de los jugadores de manera aleatoria irán a presionarle para evitar el tiro a canasta.

Tarea N° 9	Objetivo Principal	Mejora del tiro a canasta
	Jugadores	6

Explicación

El jugador con balón conducirá hacia la canasta y uno de los jugadores rivales que están con un jugador del equipo negro irá a evitar el tiro a canasta, liberando a un compañero marcado. El jugador de atrás irá a marcar al jugador liberado. El jugador que conduce intentará tomar la mejor solución para el tiro a canasta junto con el compañero liberado.

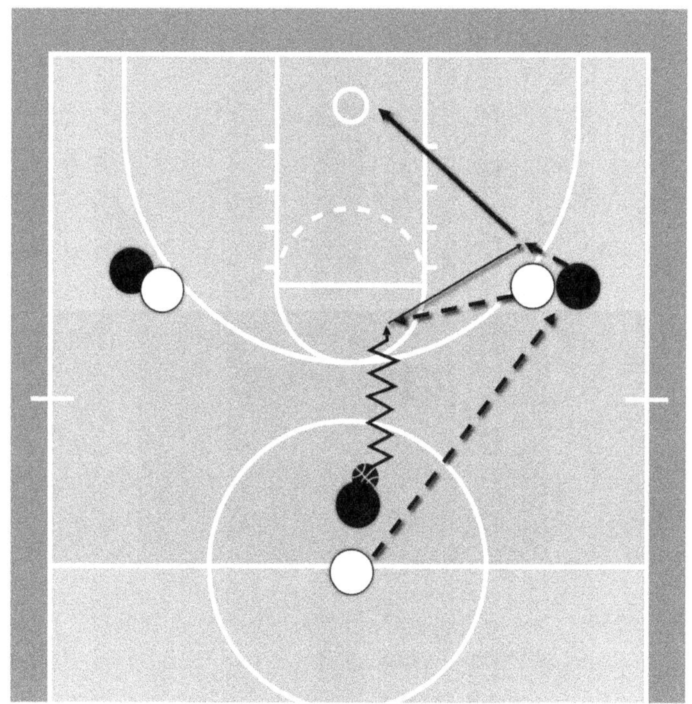

Tarea N° 10	Objetivo Principal	Mejora del tiro a canasta
	Jugadores	6

Explicación

Dos jugadores se pasan el balón y cuando uno de los rivales es atraído a la presión pasan al jugador liberado para que tire a canasta.

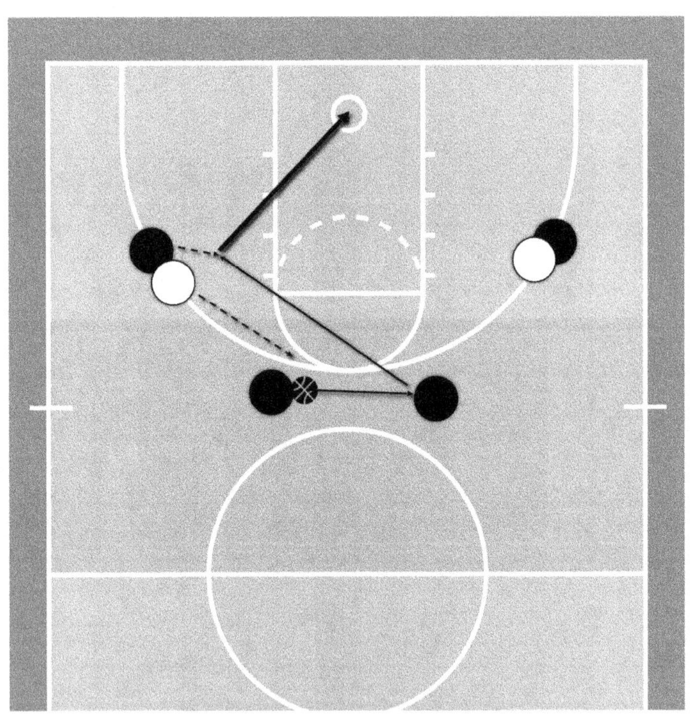

Tarea N° 11	Objetivo Principal	Mejora del tiro a canasta
	Jugadores	5

Explicación

El jugador del cuadrado pasa el balón al jugador que se adelantará al contrario (este no podrá reaccionar hasta que no lo vea) que le presionará para que no pueda tirar a canasta junto con otro jugador más y si lo considera podrá apoyarse en el compañero que le pasó el balón para anotar. El jugador que irá a presionar irá variando en cada ocasión de manera aleatoria.

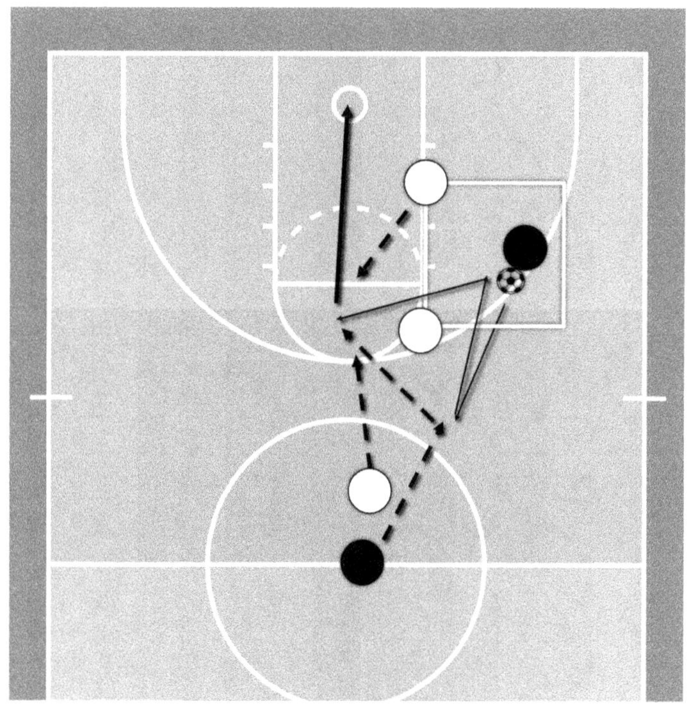

Tarea N° 12	Objetivo Principal	Mejora del tiro a canasta
	Jugadores	3

Explicación

Dos jugadores del equipo negro se pasan la balón sin que caiga al suelo entre ellos y un jugador de otro equipo entra en el cuadrado a presionar y robar el balón para salir y tirar a canasta con la presión de uno de los jugadores que perdió. El jugador que lanza será presionado en el tiro a canasta por un jugador de manera aleatoria en cada ocasión.

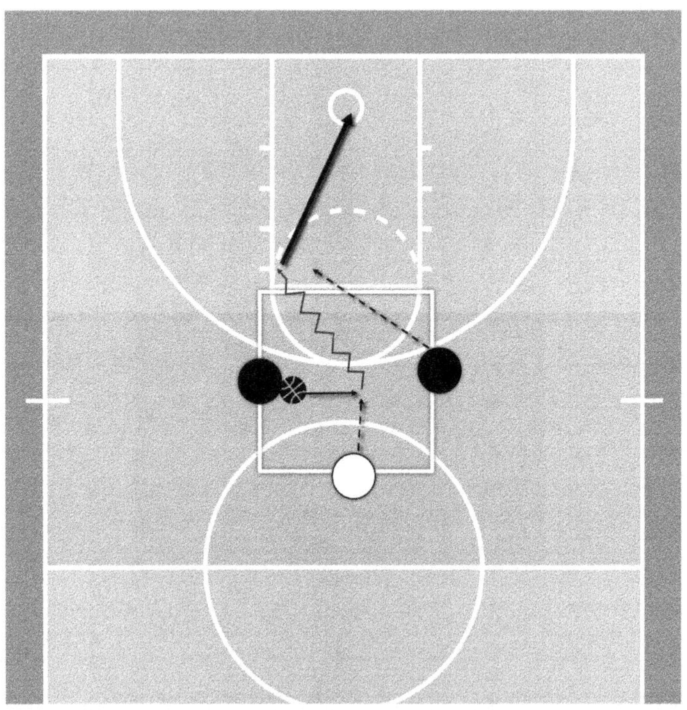

Tarea N° 13	Objetivo Principal	Mejora del tiro a canasta
	Jugadores	5

Explicación

Dos jugadores del equipo negro se pasan el balón con un bote previo entre ellos, un jugador del otro equipo entra en el cuadrado a presionar, roba el balón y sale a tirar a canasta con la presión de uno de los que perdió y uno de los jugadores de la línea de fondo para obstaculizarle el tiro a canasta. Los jugadores que presionan el tiro a canasta irán variando de manera aleatoria.

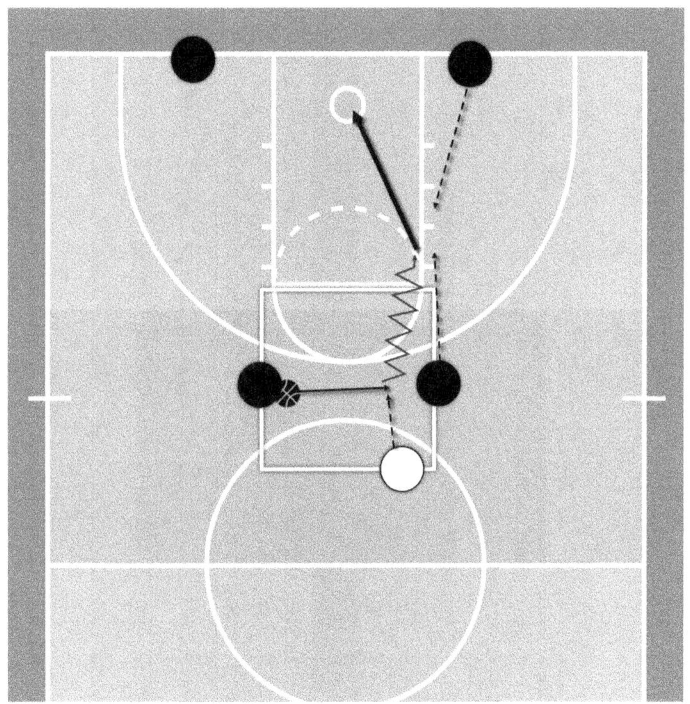

Tarea N° 14	Objetivo Principal	Mejora del tiro a canasta
	Jugadores	4

Explicación

Los jugadores distribuidos como en la imagen. Cuando salga conduciendo el jugador con balón para tirar a canasta un jugador del equipo blanco irá a presionar el tiro y otros retrocederán para interceptarlo si sobrepasa al jugador que salió a su encuentro cambiando en cada acción de manera aleatoria el que sale al encuentro y los que retroceden.

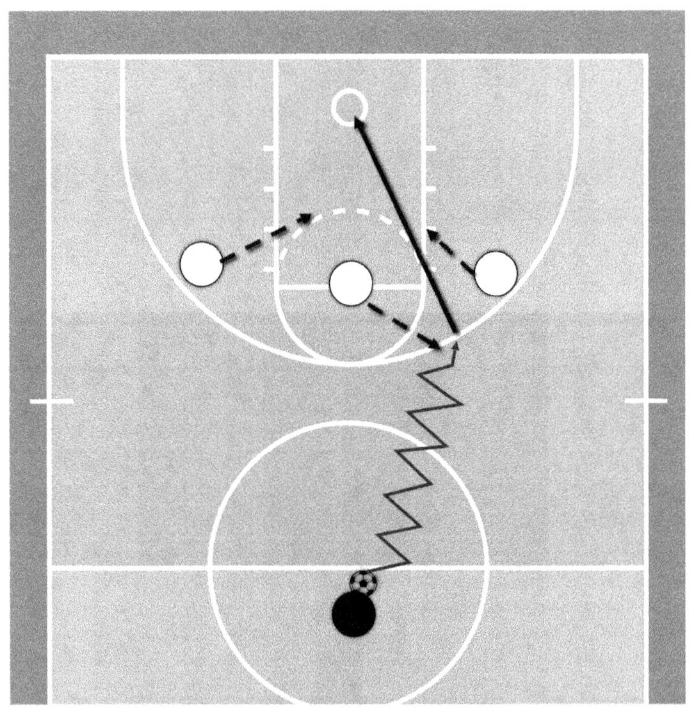

Tarea N° 15	Objetivo Principal	Mejora del tiro a canasta
	Jugadores	4

Explicación

Los jugadores distribuidos como en la imagen. Cuando salga conduciendo un jugador con balón para tirar a canasta, los jugadores del equipo blanco desplazándose sobre las líneas intentaran obstaculizar e interceptar el tiro a canasta.

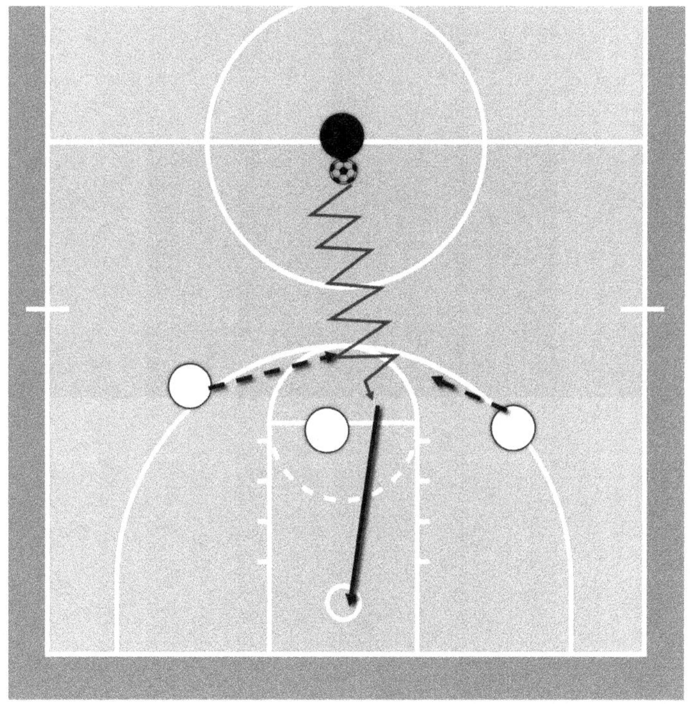

Tarea N° 16	Objetivo Principal	Mejora del tiro a canasta
	Jugadores	6

Explicación

Los jugadores distribuidos como en la imagen. Cuando salga conduciendo un jugador con balón para tirar a canasta, los jugadores del equipo blanco desplazándose sobre las líneas intentaran obstaculizar e interceptar el tiro a canasta, menos uno que saldrá el encuentro para que no pueda avanzar hacia la canasta y obstaculizar el tiro..

Tarea Nº 17	Objetivo Principal	Mejora del tiro a canasta
	Jugadores	2

Explicación

Los jugadores se pasan el balón y cuando el jugador del equipo negro decida salir de su cuadrado conduciendo para tirara canasta el otro irá a presionar para evitar el tiro.

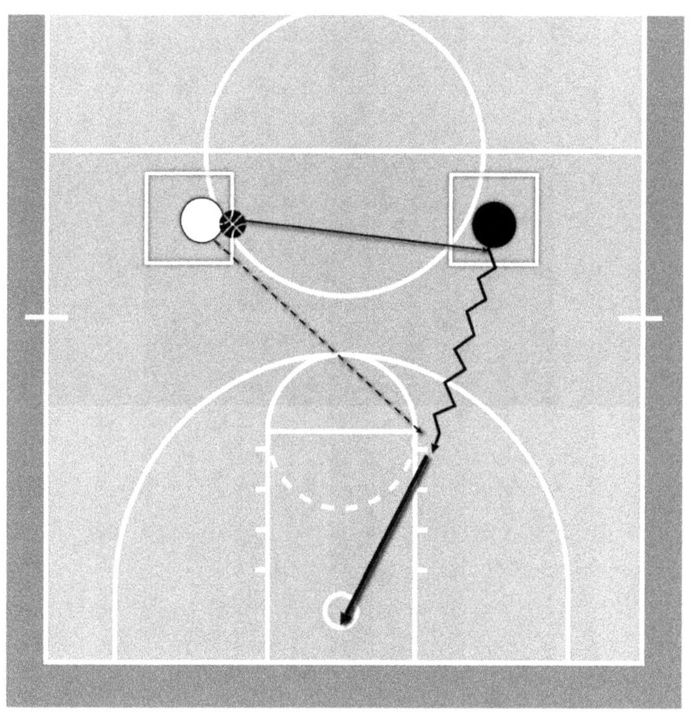

Tarea N° 18	Objetivo Principal	Mejora del tiro a canasta
	Jugadores	2

Explicación

Los jugadores se pasan el balón y cuando uno decida salir de su cuadrado conduciendo para tirar a canasta el otro irá a presionar para evitar el tiro.

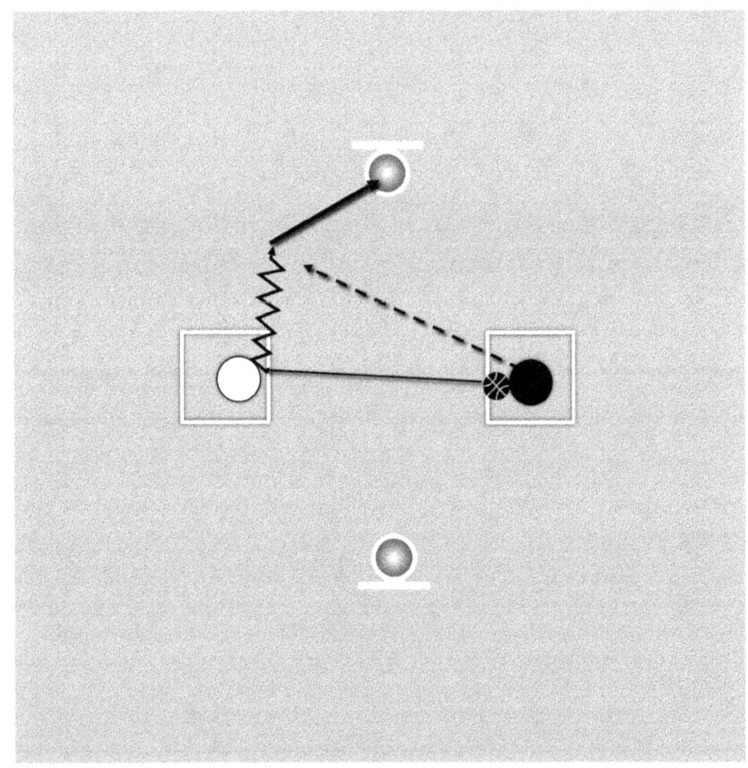

Tarea N° 19	Objetivo Principal	Mejora del tiro a canasta
	Jugadores	7

Explicación

Los jugadores colocados como en la imagen, el equipo negro pasará el balón entre ellos, el equipo blanco podrá interceptar y atacar hacia la canasta. Al perder el balón el equipo negro, dos jugadores (que irán variando de manera aleatoria) presionarán para que no tiren a canasta.

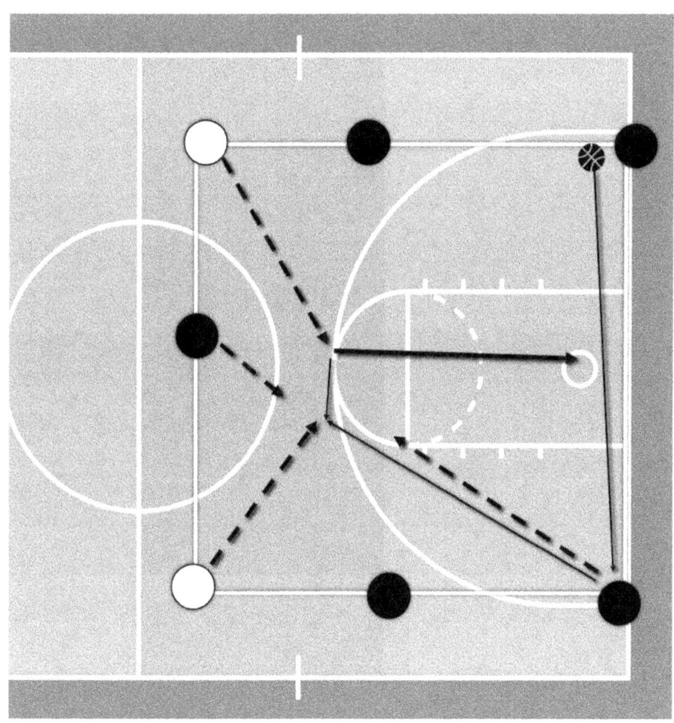

Tarea N° 20	Objetivo Principal	Mejora del tiro a canasta
	Jugadores	2

Explicación

Dos jugadores se pasan el balón usando una sola mano, cuando sale fuera, el jugador que falló obstaculizará el tiro a canasta del otro.

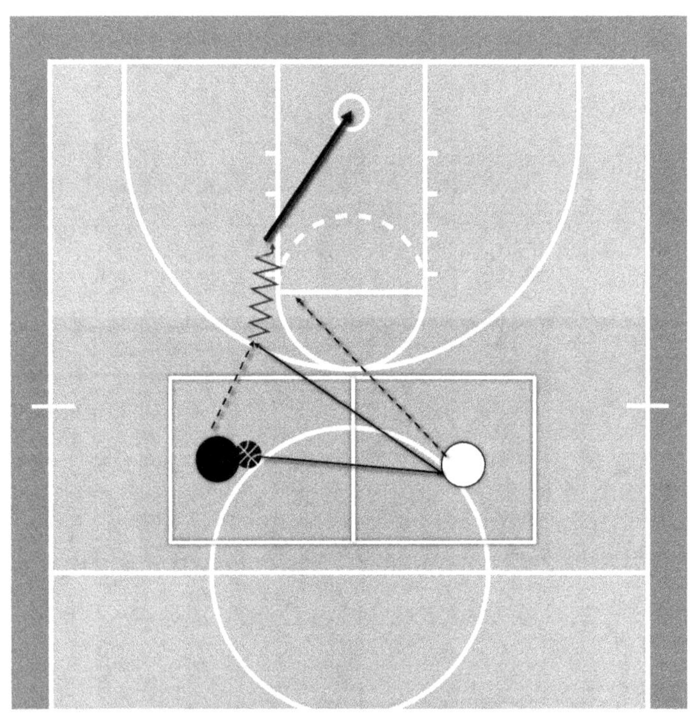

Tarea N° 21	Objetivo Principal	Mejora del tiro a canasta
	Jugadores	18

Explicación

Un jugador del equipo blanco sale con balón y y uno del equipo negro sale sin balón para evitar el tiro a canasta. El jugador del equipo blanco intentará tirar y el del equipo negro intentará que no. Cuando tire o pierda el balón saldrá uno de otro equipo y el que tiró o perdió tiene que ir a presionarlo, cuando este pierda o tire saldrá uno de otro equipo y así sucesivamente de manera aleatoria buscando siempre la mejor opción de tiro a canasta.

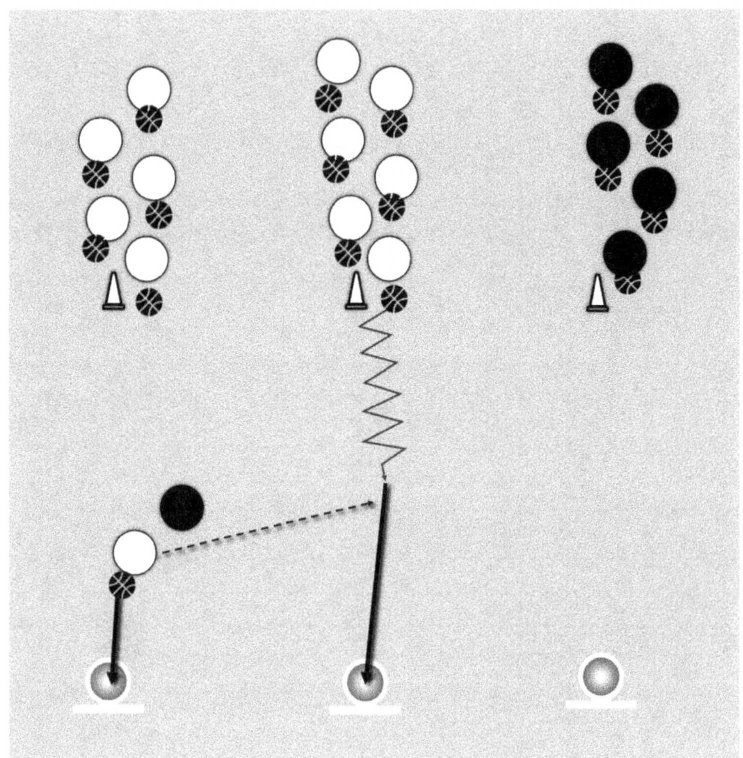

Tarea N° 22	Objetivo Principal	Mejora del tiro a canasta
	Jugadores	2 (1x1)

Explicación

Un jugador detrás de la canasta pasa el balón al otro jugador y se dirige hacia él por uno de los lados. El jugador que se adelanta al cono o silueta debe tirar a canasta eludiendo al jugador que viene a presionar el tiro.

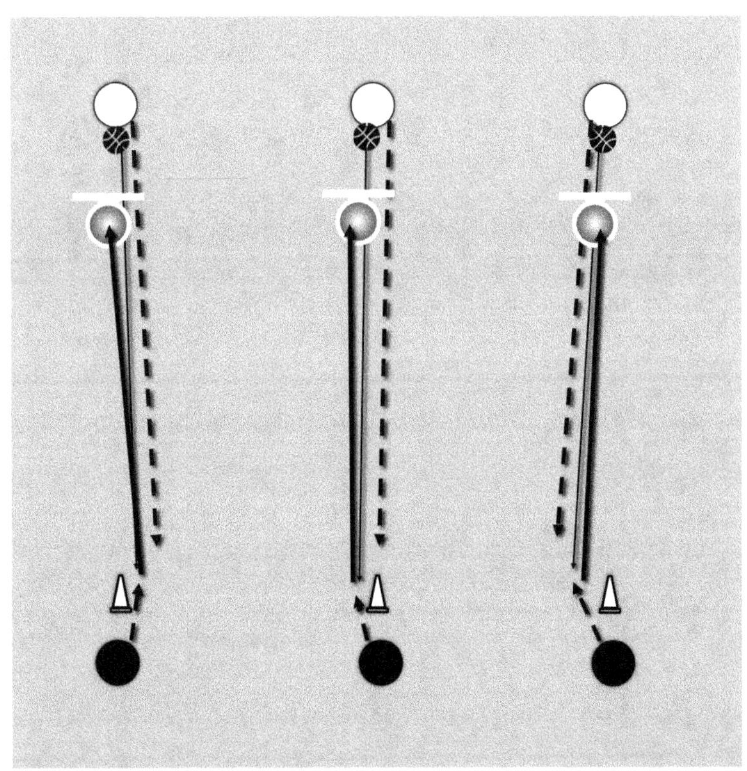

Tarea N° 23	Objetivo Principal	Mejora del tiro a canasta
	Jugadores	3 (1x1+1)

Explicación

El jugador bajo la canasta pasa el balón al jugador que se adelantará al contrario (este no podrá reaccionar hasta que no lo vea) y le presionarán para que no pueda tirar a canasta.

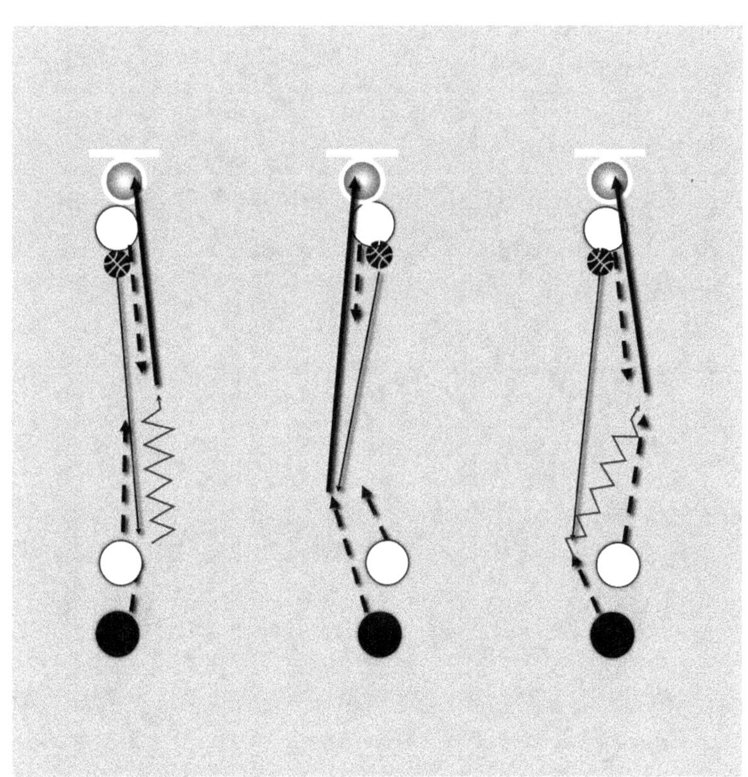

Tarea N° 24	Objetivo Principal	Mejora del tiro a canasta
	Jugadores	5

Explicación

Los jugadores distribuidos como en la imagen, los jugadores bajo la canasta pasan el balón a los jugadores que están tras los conos o siluetas que salen hacia el balón para lanzar. El jugador del centro irá hacia uno u otro a disputar el balón para tirar a canasta.

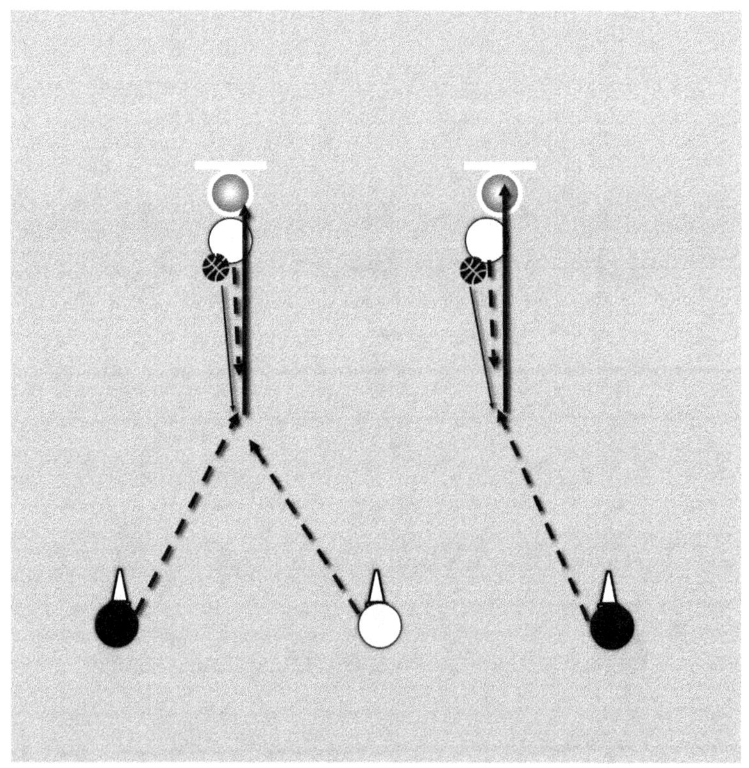

Tarea N° 25	Objetivo Principal	Mejora del tiro a canasta
	Jugadores	6

Explicación

Los jugadores distribuidos cómo en la imagen. Los jugadores con balón pasan a los jugadores del otro equipo y defienden (equipo blanco), podrán salir indistintamente hacia uno u otro jugador, cambiando en cada jugada sin que se sepa a cual van a presionar el tiro a canasta. Todos parten tras la silueta o cono para salir por un lado u otro.

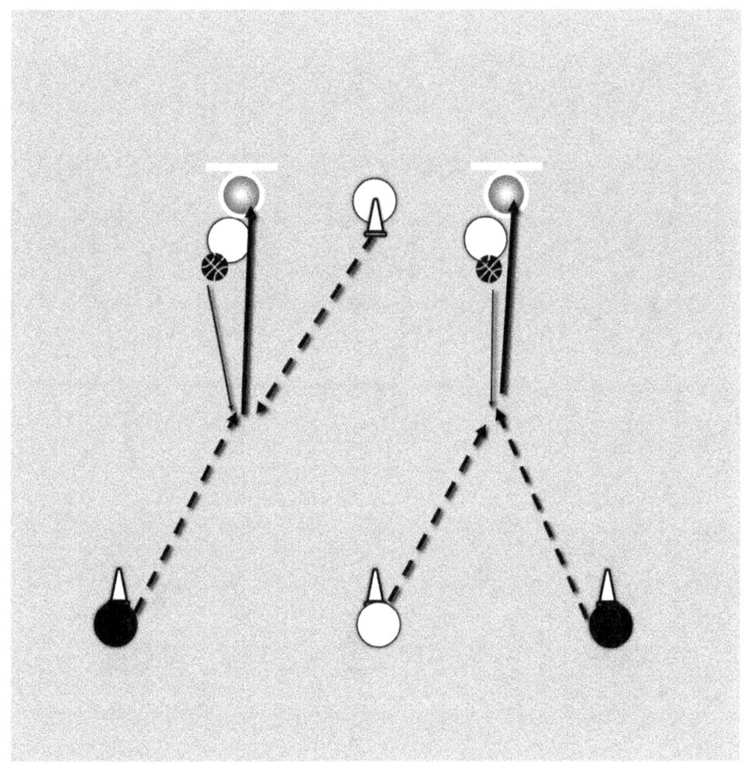

Tarea N° 26	Objetivo Principal	Mejora del tiro a canasta
	Jugadores	10

Explicación

Los jugadores distribuidos como en la imagen. El jugador pasa el balón al jugador (color negro) que se adelantará al cono o silueta para tirar a canasta. De los otros 4 jugadores blancos sólo participan 3 que intentarán dificultar que puedan tirar a canasta (irán alternando los que participan y a quien presionan sin que lo conozca el otro equipo de manera aleatoria) junto con los que iniciaron.

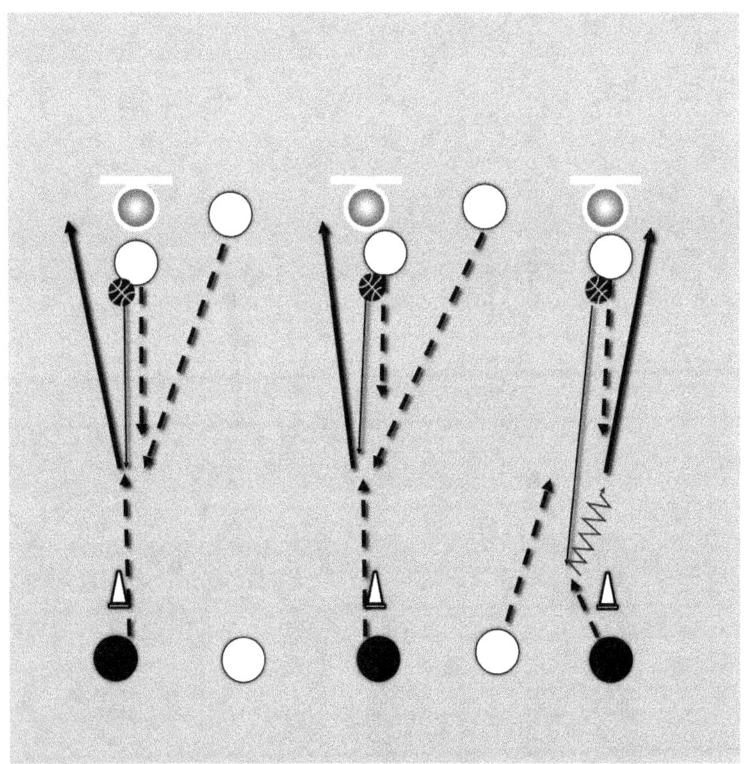

Tarea N° 27	Objetivo Principal	Mejora del tiro a canasta
	Jugadores	5 (1x4)

Explicación

Los jugadores distribuidos como en la imagen. Cuando el jugador del centro recepciona el balón tiene que volverse y tirar a la canasta que está libre porque un jugador fue a presionarle y la dejo vacía. Los jugadores cambiarán y dejarán otra canasta libre al presionarle para volver a pasarle el balón y que este repita la acción variando la canasta.

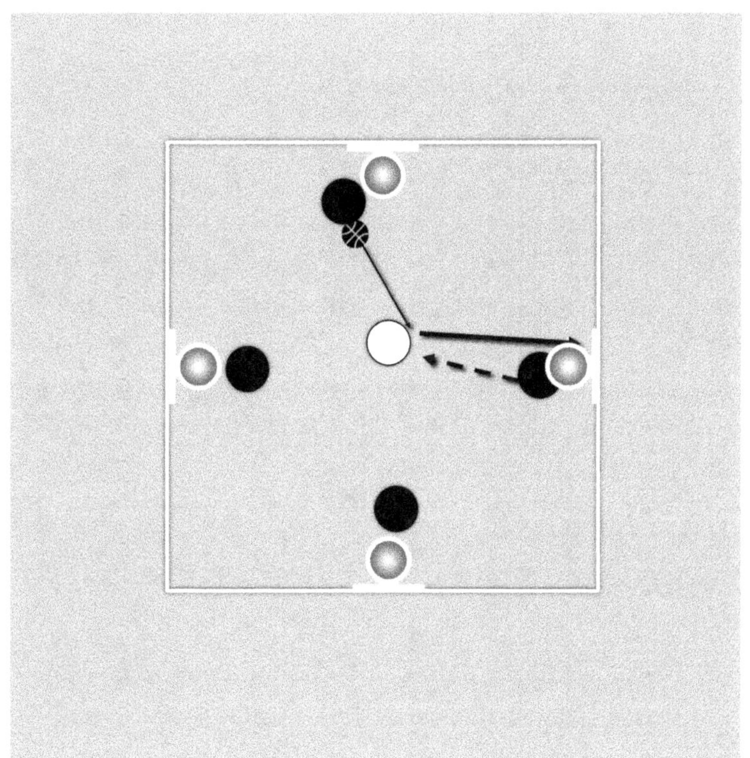

Tarea N° 28	Objetivo Principal	Mejora del tiro a canasta
	Jugadores	5 (1x4)

Explicación

Los jugadores distribuidos como en la imagen. Tres con balón y uno sin balón del equipo negro. Uno de ellos pasará el balón al jugador que tendrá que orientar el cuerpo y el balón cuando la reciba para tirar a la canasta donde el jugador no tiene balón. Irá alternando el jugador que le pasa y el que se queda sin balón de manera aleatoria.

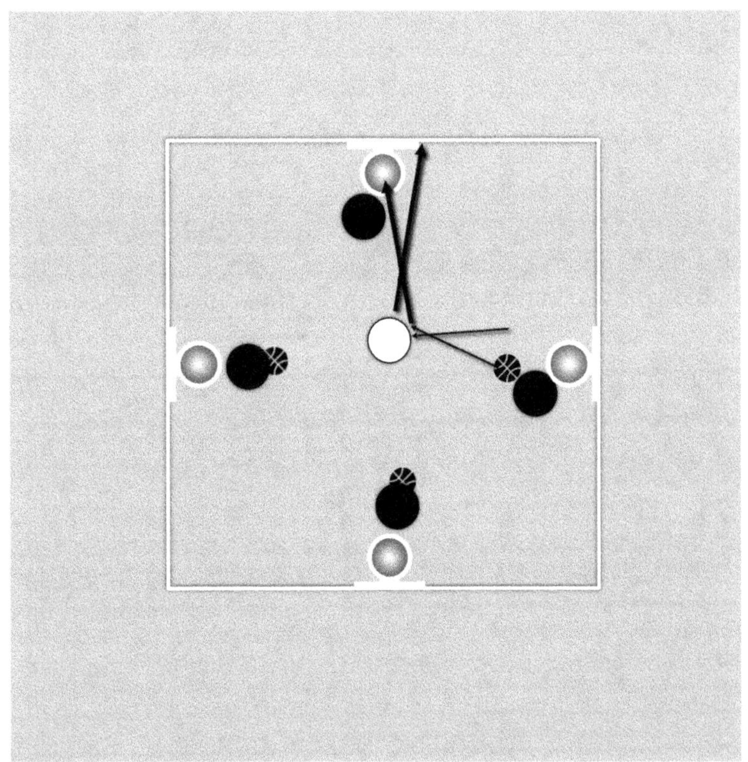

Tarea N° 29	Objetivo Principal	Mejora del tiro a canasta
	Jugadores	5

Explicación

Los jugadores distribuidos como en la imagen. Cuando el jugador del centro recibe del que tiene balón tiene que volverse y tirar a la canasta que tiene el jugador esperando el rebote y los otros 2 jugadores irán a presionarle. Los jugadores cambiarán para repetir la acción variando la canasta y el lugar desde donde se recibe la presión.

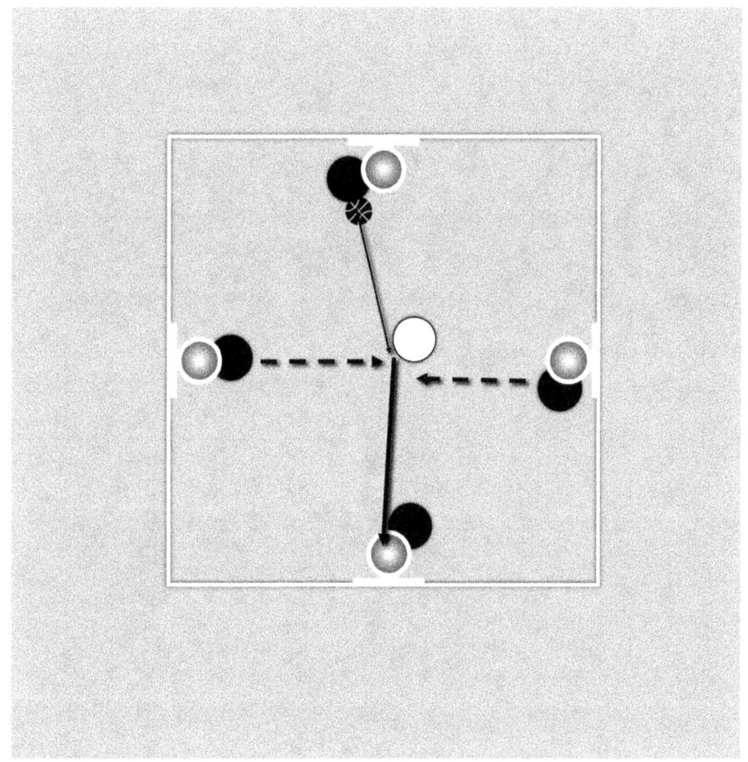

Tarea N° 30	Objetivo Principal	Mejora del tiro a canasta
	Jugadores	8

Explicación

Los jugadores distribuidos como en la imagen. Cuando el jugador recibe del jugador que tiene balón tiene que volverse y tirar a la canasta que tiene el jugador esperando para el rebote o apoyarse en uno de los apoyos si lo considera necesario antes del tiro y dos jugadores rivales irán a presionarle. Los jugadores cambiarán entre ellos para repetir la acción variando la canasta y el lugar desde donde recibe la presión.

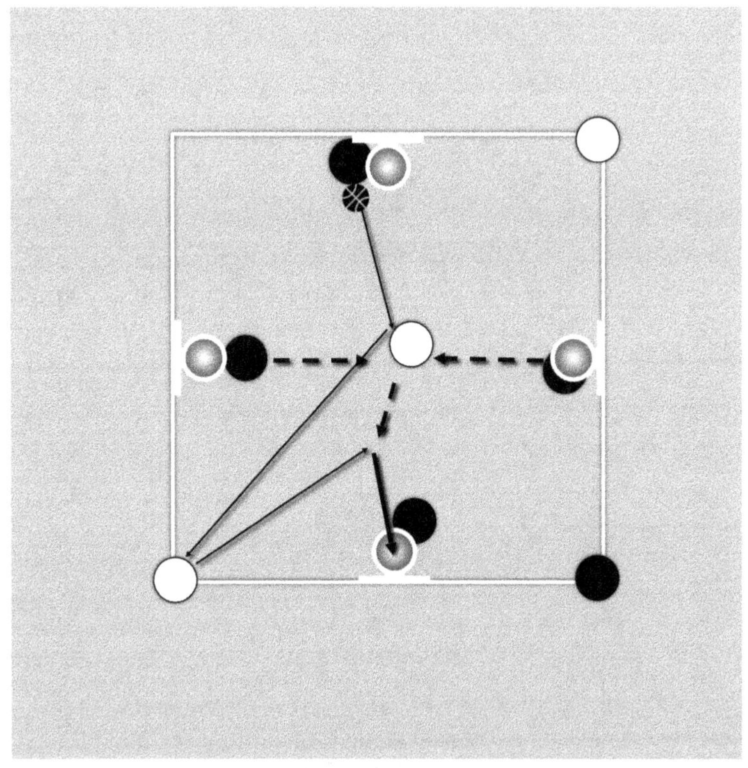

EDITORIAL WANCEULEN

Tarea N° 31	Objetivo Principal	Mejora tiro a canasta
	Jugadores	8

Explicación

Los jugadores distribuidos como en la imagen. El jugador del centro pasará con el más alejado de la canasta y cuando los jugadores del otro quipo entren a presionar pasarán al compañero cercano a la canasta (que se desmarcará) para atacar. Sólo podrán entrar dos a presionar junto con uno bajo la canasta y nunca serán los mismos, ni de los mismos lugares. El equipo blanco buscará la mejor solución para el tiro a canasta.

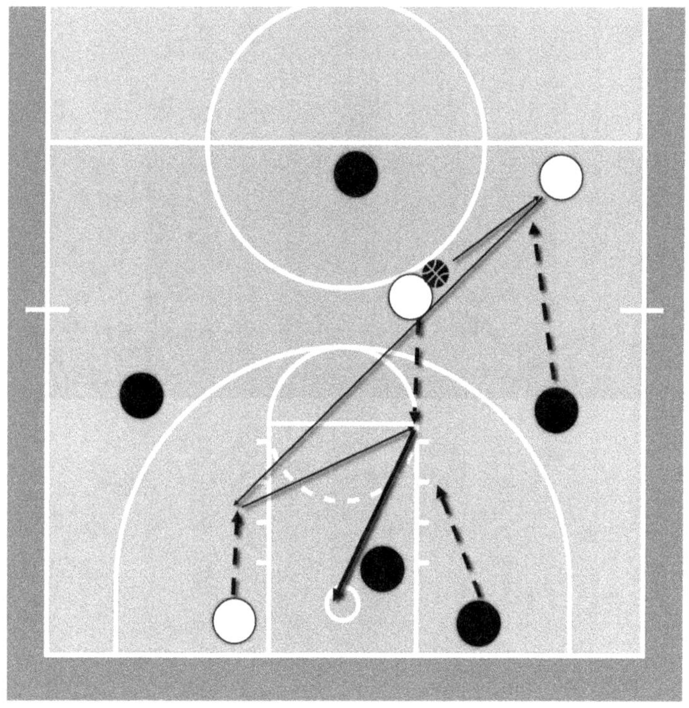

Tarea N° 32	Objetivo Principal	Mejora del tiro a canasta
	Jugadores	5

Explicación

Los jugadores distribuidos como en la imagen. Cuando el jugador del centro recibe retiene que sacar el balón del cuadrado y tirar a la canasta desde la que no le presionaron y queda un jugador debajo para el rebote. Los jugadores cambiarán en cada acción los que irán a la presión y desde el lugar que lo harán.

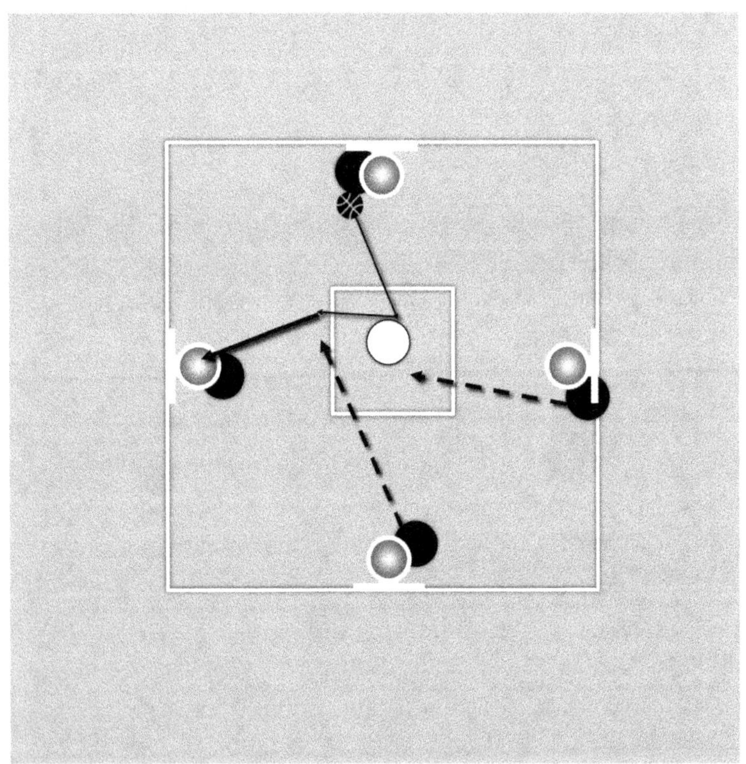

Tarea N° 33	Objetivo Principal	Mejora del tiro a canasta
	Jugadores	7

Explicación

Los jugadores distribuidos como en la imagen. Cuando el jugador del centro recibe del que tiene el balón tiene que sacar el balón del cuadrado, tirar a la canasta que tiene un jugador esperando el rebote y dos jugadores irán a presionarle, sólo dentro del cuadrado. Irán variando de canasta, al igual que los jugadores que vayan a presionar.

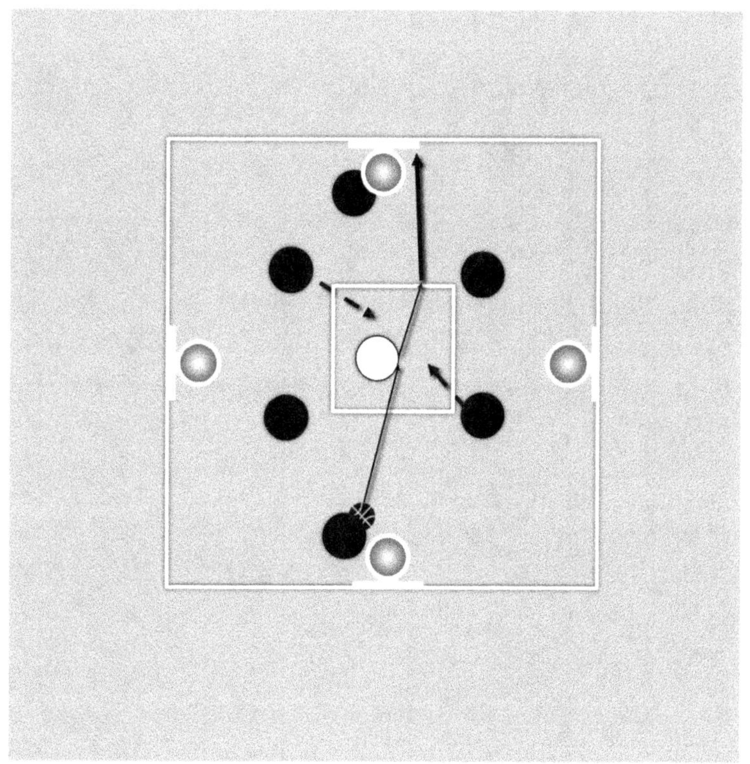

Tarea N° 34	Objetivo Principal	Mejora del tiro a canasta
	Jugadores	7

Explicación

Los jugadores distribuidos como en la imagen. El jugador del centro tiene el balón e intenta atraer a   dos jugadores rivales que irán a presionarle (irán alternando el lugar desde el que lo harán). Cuando vayan a la presión podrá jugar con uno de los compañeros de las esquinas para tirar a una de las canastas.

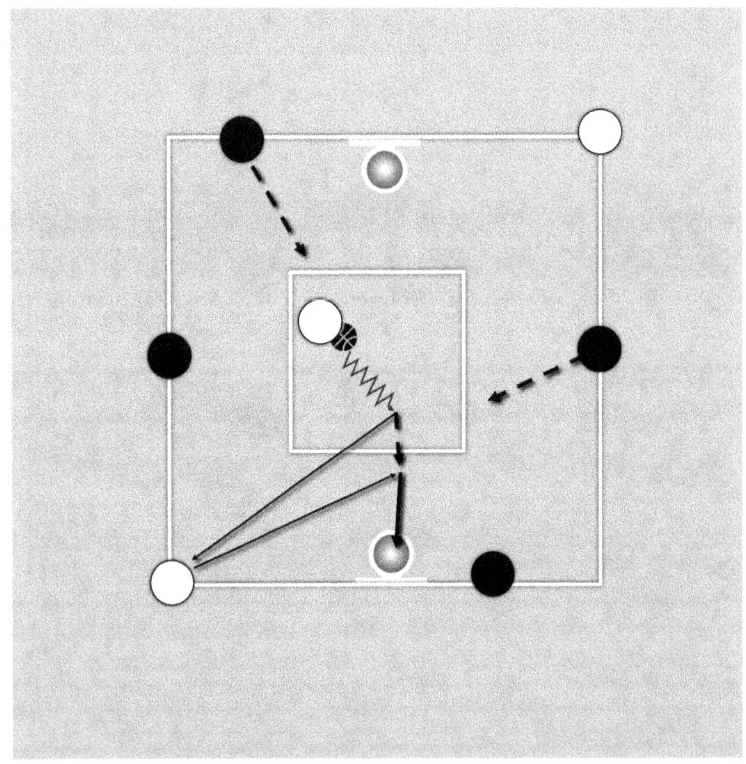

Tarea N° 35	Objetivo Principal	Mejora del tiro a canasta
	Jugadores	9

Explicación

Los jugadores distribuidos como en la imagen. El jugador del centro tiene el balón e intenta atraer a   dos jugadores rivales que irán a presionarle (irán alternando el lugar desde el que lo harán). Cuando vayan a la presión podrá jugar con los compañeros de los laterales para tirar a una de las canastas defendidas también por un jugador bajo ellas.

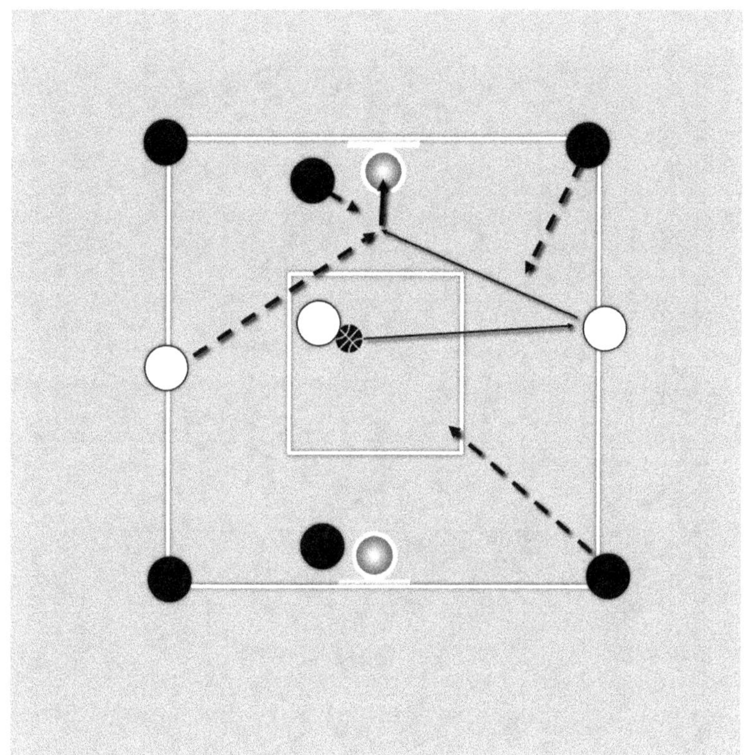

Tarea N° 36	Objetivo Principal	Mejora del tiro a canasta
	Jugadores	4 (2x1+1)

Explicación

Los jugadores distribuidos como en la imagen. El jugador del equipo negro tendrá el balón dentro del rectángulo, cuando pierde el balón presiona y el compañero que esté en la línea presionará, interceptará o irá a marcar al jugador adelantado para que el equipo blanco no pueda tirar a canasta.

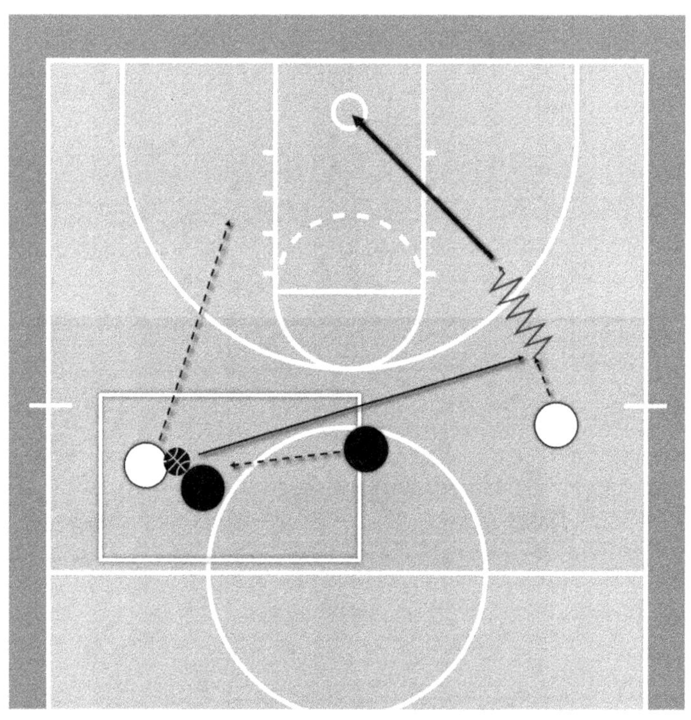

Tarea N° 37	Objetivo Principal	Mejora del tiro a canasta
	Jugadores	6

Explicación

Los jugadores distribuidos como en la imagen. Los jugadores del equipo negro tendrán el balón, cuando recupere el jugador del equipo blanco pasará a uno de los jugadores que están sobre las líneas y atacarán la canasta el que robó y al que le pasó para buscar la mejor situación para el tiro a canasta. Los jugadores del equipo negro intentarán impedir el tiro.

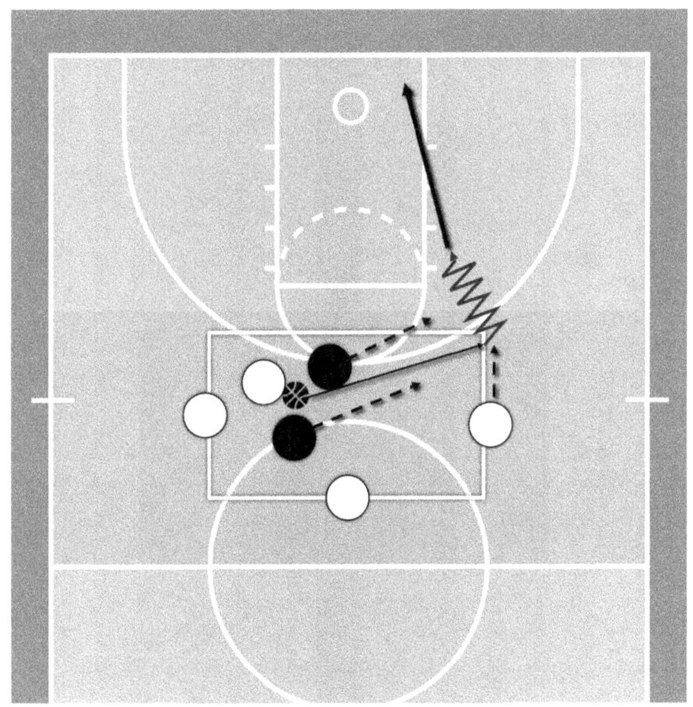

Tarea N° 38	Objetivo Principal	Mejora del tiro a canasta
	Jugadores	10 (5x5)

Explicación

En un rectángulo dividido en dos cuadrados, los jugadores se colocan en la disposición de la imagen. El equipo que no tiene el balón (negro) intentará interceptar un pase del equipo blanco, cuando lo consiga se irán algunos jugadores al otro campo para recibir y otros se quedarán como apoyos al que interceptó para jugar con los más adelantados. El equipo blanco cuando pierda se tendrá que ordenar defensivamente atendiendo a los jugadores que queden en cada campo para que no anote el rival. La distribución del equipo que recupera no será siempre la misma y buscará la mejor solución para tirar a canasta.

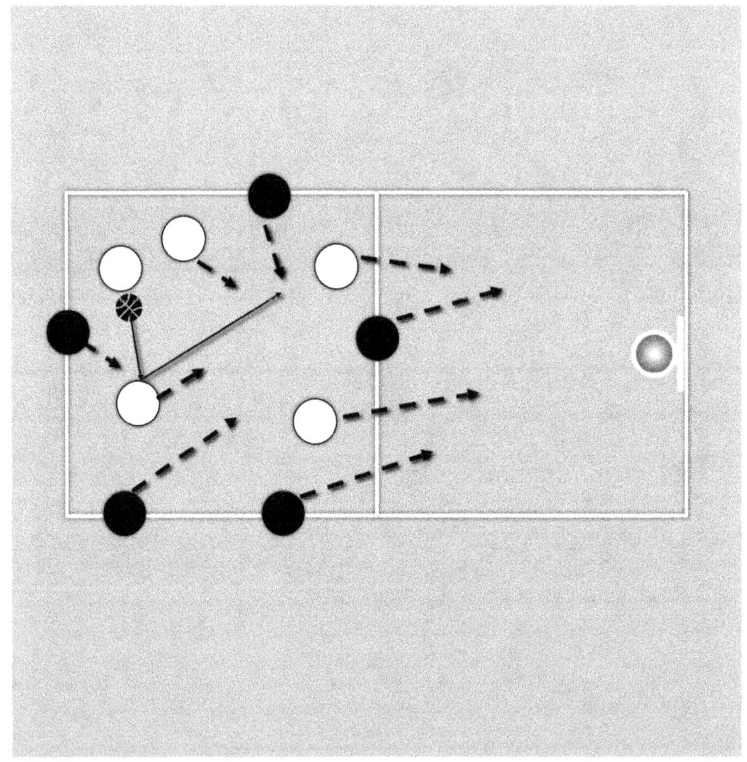

Tarea N° 39	Objetivo Principal	Mejora del tiro a canasta
	Jugadores	8

Explicación

Los jugadores se distribuyen como en la imagen. Pasan dos jugadores el balón (equipo negro) en un cuadrado provocando que entren a presionar los jugadores del otro equipo (blanco). Cuando entran a presionar, los jugadores del equipo negro pasarán a uno de los dos jugadores que están fuera, salen para atacar y todo el equipo negro atacará la canasta que defienden los jugadores del equipo blanco buscando la mejor opción de tiro a canasta.

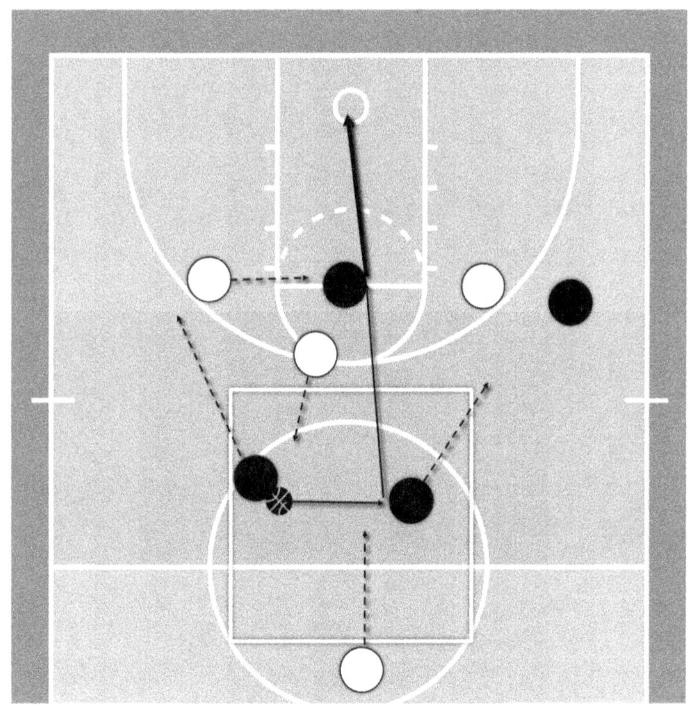

Tarea N° 40	Objetivo Principal	Mejora del tiro a canasta
	Jugadores	10

Explicación

Los jugadores del equipo negro situados sobre la línea de la zona y uno del equipo blanco dentro de la zona. El equipo blanco intentará mover a los jugadores del otro equipo para poder encontrar una buena opción de tiro a canasta o pasar al compañero adelantado para que tire. Si recibe el jugador adelantado, podrán ir los defensores a presionar el tiro a canasta.

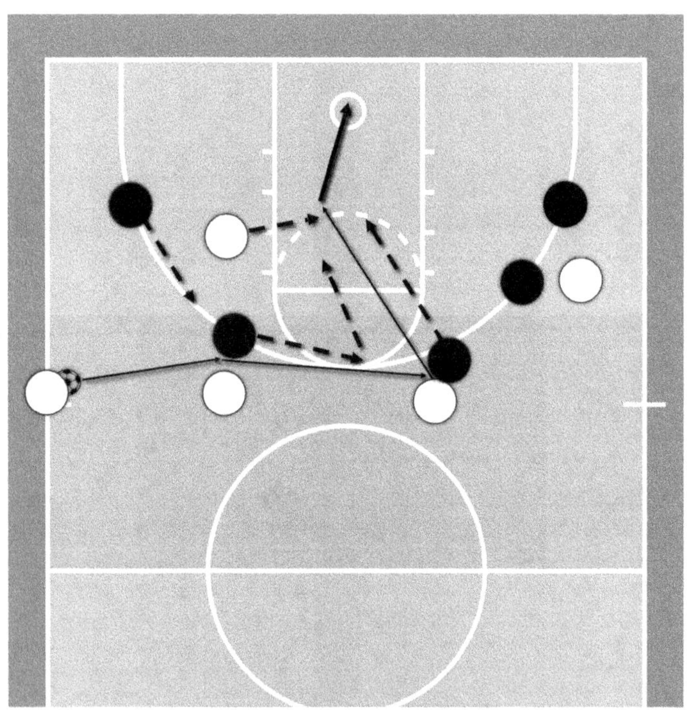

Tarea N° 41	Objetivo Principal	Mejora del tiro a canasta
	Jugadores	10 (5x5)

Explicación

Atacan cinco contra cuatro hacia una canasta. Cada vez que un equipo ataca, el jugador que tira a canasta o pierde el balón, tendrá que ir hasta uno de los conos que hay en la línea de fondo rival y el equipo que recuperó hará un contrataque buscando la mejor opción de tiro a canasta antes que se ordene el equipo que tiró o perdió el balón.

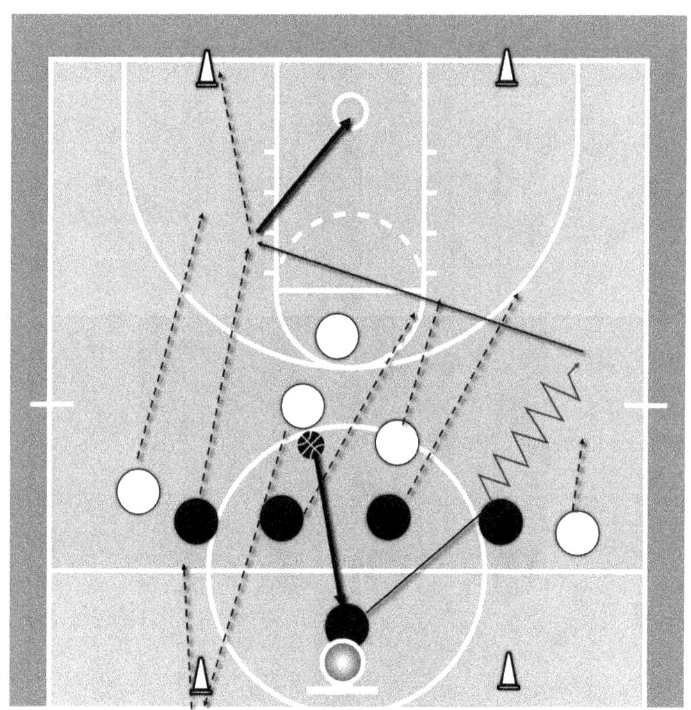

Tarea N° 42	Objetivo Principal	Mejora del tiro a canasta
	Jugadores	10 (5x5)

Explicación

Atacan cinco contra cinco hacia una canasta. Cada vez que un equipo ataca, el jugador que tira o pierde el balón y otro compañero tendrán que ir hasta uno de los conos que hay en la línea de fondo rival y el equipo que recuperó hará un contrataque antes que se ordene el equipo que tiró o perdió para encontrar una buena opción para tirar a canasta.

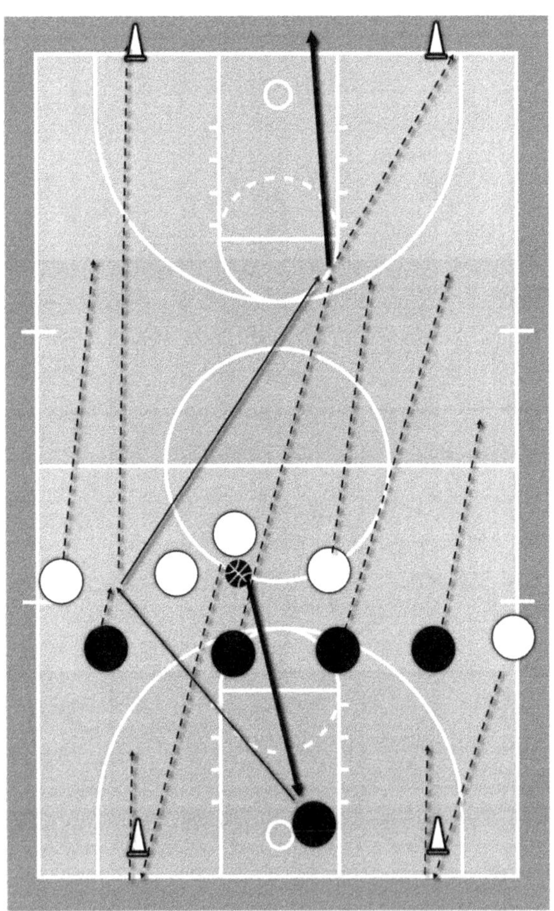

Tarea N° 43	Objetivo Principal	Mejora del tiro a canasta
	Jugadores	10

Explicación

Los equipos atacarán cinco contra contra cuatro, distribuidos como en la imagen. Cuando un equipo roba el balón, juega con el jugador que no defendió (que estará buscando la mejor disposición) y el jugador que pierde o lanza a lanza a canasta no participa en defensa a la espera de que su equipo recupere el balón o el rival finalice y juegue con el para aprovechar los espacios a la espalda y encontrar una situación ventajosa para el tiro a canasta.

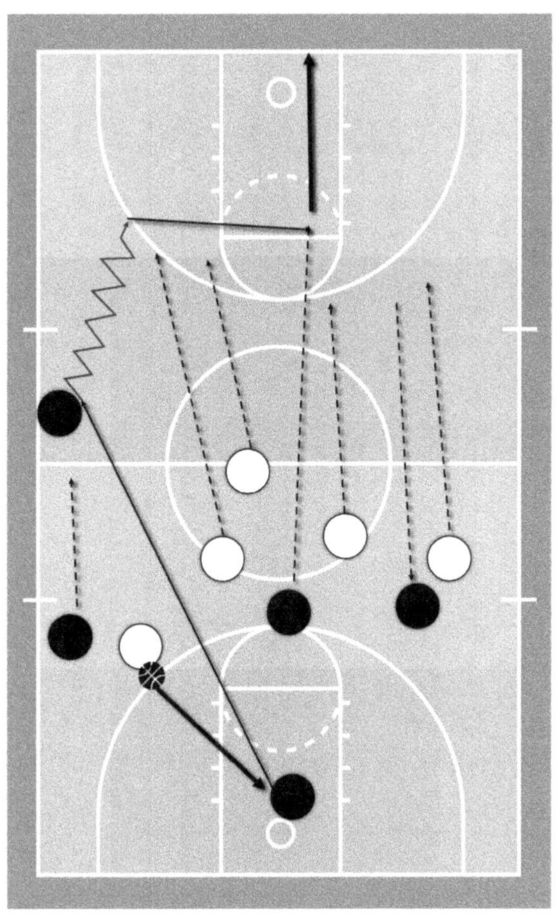

Tarea N° 44	Objetivo Principal	Mejora del tiro a canasta
	Jugadores	10

Explicación

En un rectángulo dividido en tres campos iguales, los jugadores se distribuirán uno en la zona central y uno sobre la línea. Los jugadores sobre las líneas solo podrán interceptar pases en defensa, en ataque esperarán que sus compañeros atraigan a los rivales para recibir en profundidad y tirar la canasta. Cuando lo hagan, podrán entrar de manera aleatoria previamente coordinado por el entrenador uno o dos jugadores para defender, cambiando el número y la disposición de los jugadores que entran a defender en cada ataque para obstaculizar el tiro a canasta.

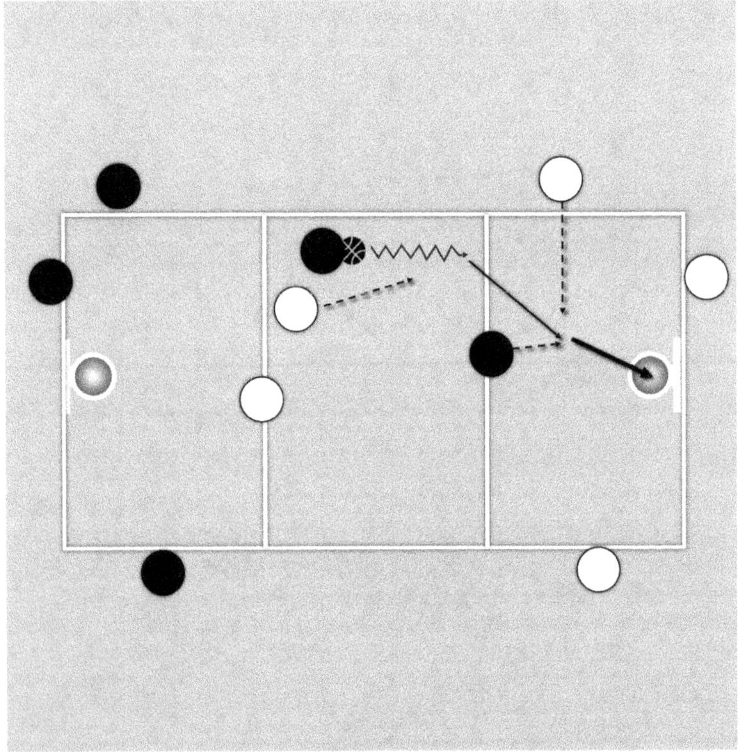

Tarea N° 45	Objetivo Principal	Mejora del tiro a canasta
	Jugadores	8

Explicación

En un rectángulo dividido en tres campos iguales. En la zona central habrá un jugador de cada equipo y sobre la línea defensiva del equipo que ataca tres jugadores y del equipo que defiende uno. Los jugadores de la línea del equipo que ataca se irán incorporando a posiciones adelantadas de manera aleatoria y nunca dos jugadores a la vez para encontrar una opción de tiro a canasta. El jugador defensor estará vigilando los jugadores que se incorporan al ataque para defender. Si un equipo recupera, se incorporarán los dos jugadores que estaban fuera a la línea y salen dos de la línea del equipo que perdió el balón.

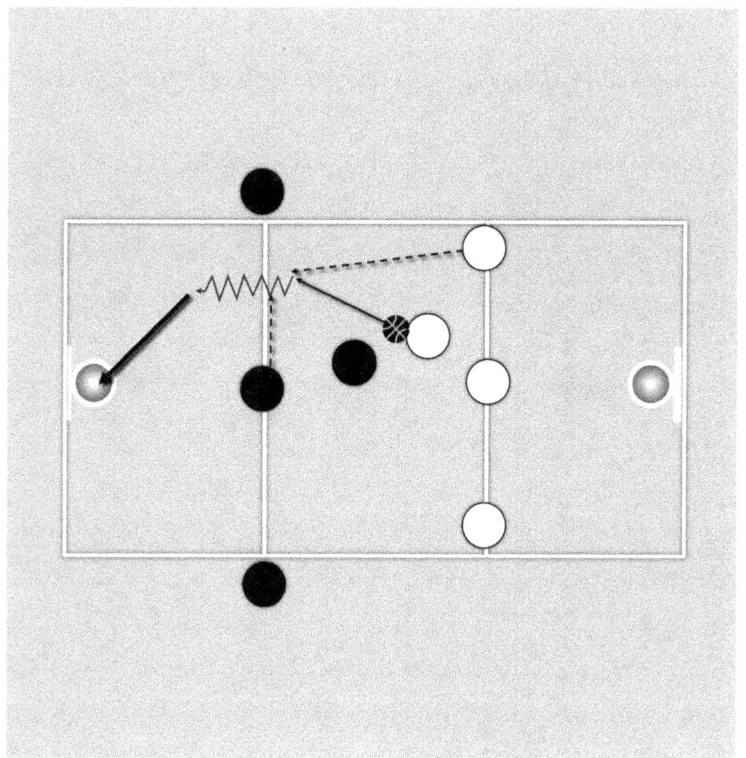

Tarea N° 46	Objetivo Principal	Mejora del tiro a canasta
	Jugadores	10

Explicación

Los jugadores distribuidos como en la imagen. Los jugadores en situación de uno contra uno del centro intentarán tirar a canasta o pasar al compañero del fondo y los jugadores de fuera podrán entrar en los pasillos para interceptar los pases, pero no podrán permanecer en ellos.

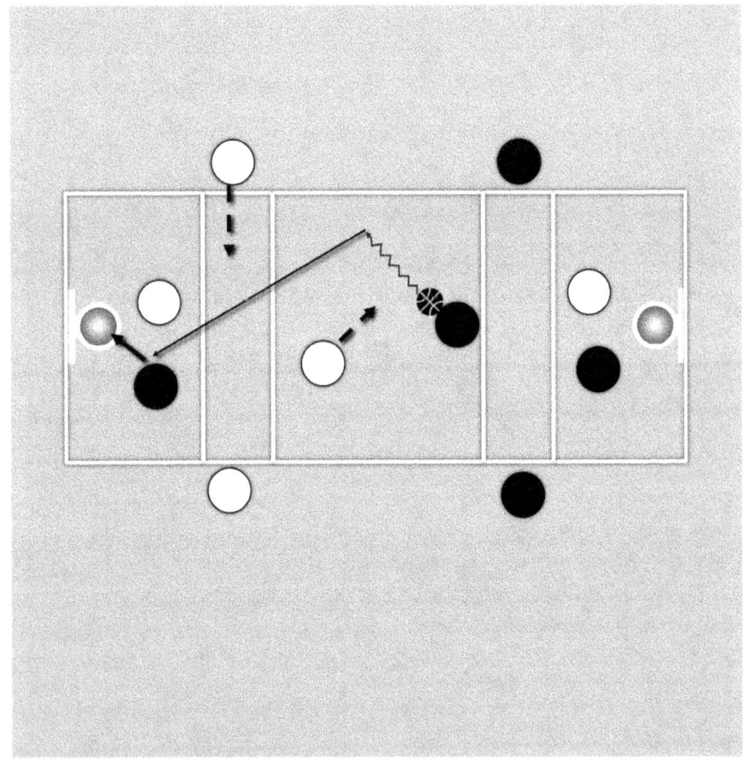

Tarea N° 47	Objetivo Principal	Mejora del tiro a canasta
	Jugadores	8

Explicación

Los jugadores distribuidos como en la imagen. Los jugadores en situación de uno contra uno del centro intentarán pasar al compañero del pasillo o tirar a canasta y los jugadores de fuera podrán entrar de manera aleatoria (pero solo uno) para poner oposición al del pasillo si recibe. Si recuperan pasan al del centro para que tire a canasta o juegue con el jugador del pasillo.

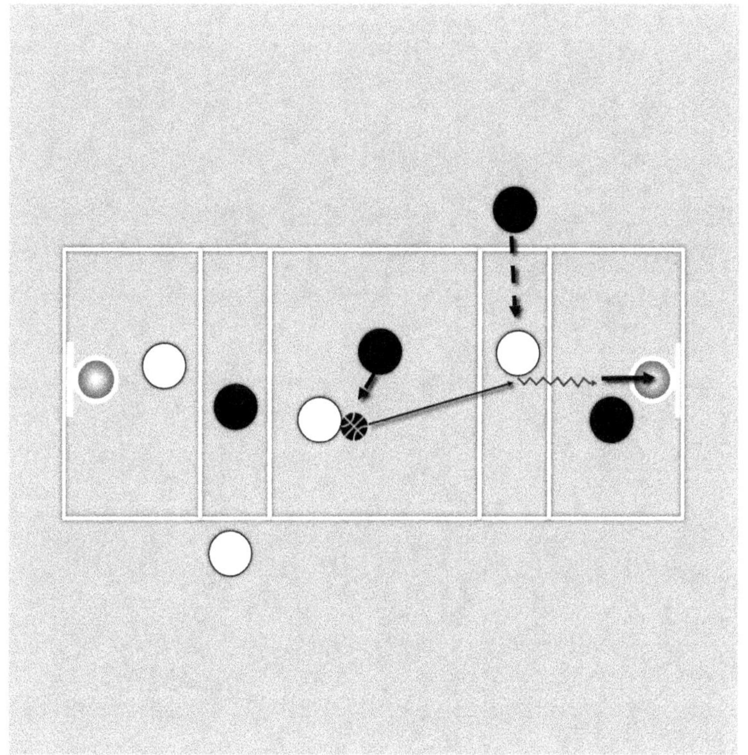

Tarea Nº 48	Objetivo Principal	Mejora del tiro a canasta
	Jugadores	10

Explicación

En un rectángulo dividido en tres campos iguales, los jugadores se distribuirán dos en la zona central y uno sobre la línea. Los jugadores sobre las líneas solo podrán interceptar pases en defensa y en ataque participarán como apoyos. Los jugadores de los vértices participarán haciendo desmarques constantemente y de manera aleatoria cuando su equipo tiene el balón para poder recibir y tirar a canasta. Serán presionados (cuando reciban) por los de las líneas para dificultar el tiro a canasta.

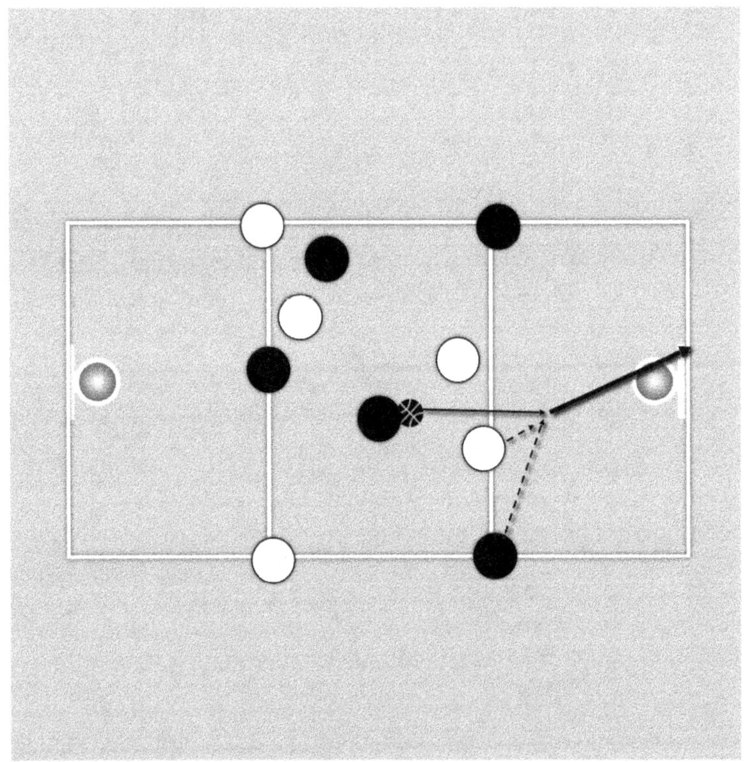

Tarea N° 49	Objetivo Principal	Mejora del tiro a canasta
	Jugadores	10 (5x5)

Explicación

Los jugadores colocados en la disposición de la imagen, pudiendo cambiar el equipo con balón su disposición para atraer rivales. El equipo que no tiene balón (blanco) coordinará para entrar en el otro campo a presionar (cada vez un número de jugadores diferente). El otro equipo (negro) atraerá al rival y cuando entran a presionar los jugadores de equipo blanco jugarán con los más adelantados para poder atacar y encontrar la mejor opción de tiro a canasta. Si roba el equipo blanco intenta tirar y cambian los roles.

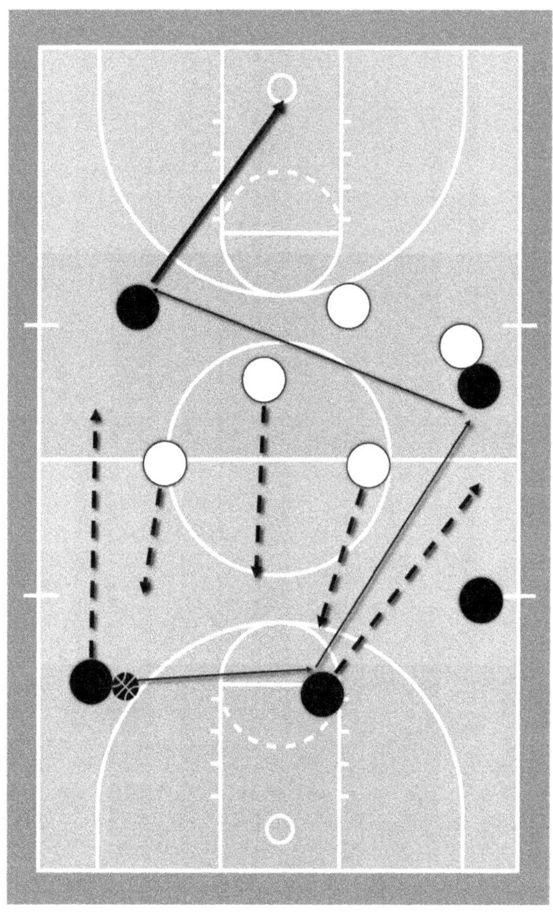

Tarea N° 50	Objetivo Principal	Mejora del tiro a canasta
	Jugadores	10

Explicación

Los equipos cuando pierden el balón repliegan colocándose sobre la línea de zona un numero de jugadores distintos en cada ocasión. Los demás estarán por delante para evitar que pasen el balón al jugador rival que se colocará dentro de la zona. El equipo con balón buscará la mejor opción para tirar a canasta.

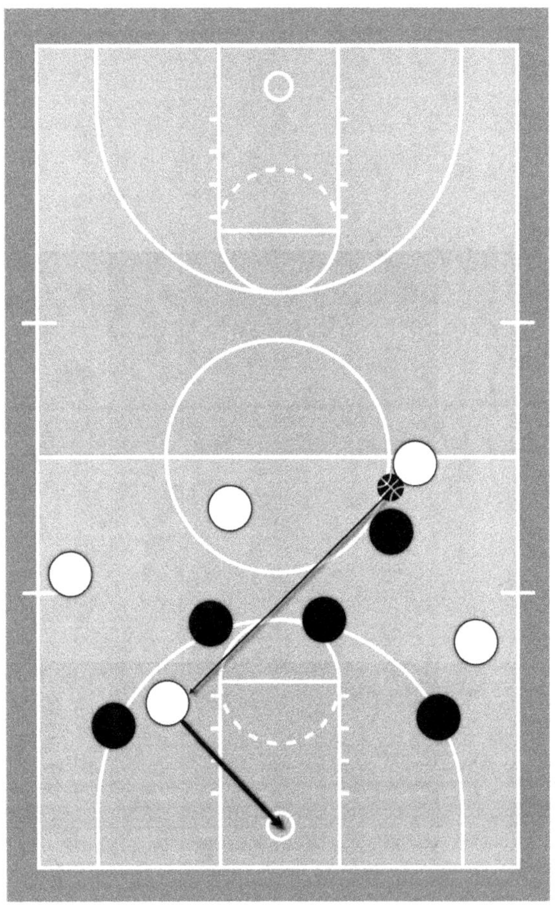

BIBLIOGRAFÍA

- Alarcón, F.; Cárdenas, D.; Clemente, V.; Collado, J. A. (Coord.); Guillén, J. C.; Jiménez, M.; Lázaro J.; Mercadé, O.; Ardoy, D. N.; Rivilla, I. y Sánchez, M. (2018): *Neurociencia, deporte y educación.* Editorial Wanceulen.
- Ballarini, F. (2016): *REC: Porqué recordamos lo que recordamos y olvidamos lo que olvidamos.* Editorial Debate.
- Bargh, J. (2018): *¿Por qué hacemos lo que hacemos?: el poder del inconsciente.* Editorial Ediciones B.
- Caballero, M. (2017): *Neuroeducación de profesores y para profesores: De profesor a maestro de cabecera.* Editorial Ediciones Pirámide.
- Camacho Larrazaga, P. y Martín Barrero, A. (2019): *La enseñanza de los deportes de invasión en la educación física. Una propuesta basada en el baloncesto.* Editorial Wanceulen.
- Crespo García, Manuel J. (2020): *Neurociencia aplicada al fútbol. Propuesta práctica.* Editorial Wanceulen.
- Espar, Xesco (2010): *Jugar con el corazón: La excelencia no es suficiente.* Plataforma Editorial.
- García Nozal, J M. (2006): *Baloncesto: Ejercicios para el entrenamiento del tiro.* Editorial Wanceulen.
- García Nozal, J M. (2008): *Baloncesto: Ejercicios para el entrenamiento de la defensa y el contraataque.* Editorial Wanceulen.
  García Nozal, J M. (2008): *Baloncesto: Ejercicios para el entrenamiento del bote, rebote y pase.* Editorial Wanceulen.
- Garganta, J. y Pinto, J. en Graça, A. y Oliveira, J. (1997): *La enseñanza de los juegos Deportivos.* Editorial Paidotribo.
- Giménez Fuentes-Guerra, Francisco Javier (2003): *La formación del entrenador en la iniciación al baloncesto.* Editorial Wanceulen.
- Giménez Fuentes-Guerra, Francisco Javier y Saénz-López Buñuel, Pedro (2004): *Aspectos teóricos y prácticos de la iniciación al baloncesto.* Editorial Wanceulen.
- Gómez Ruano. M. A.; Lorenzo Calvo, A. y Da Eira Sampaio, A. J. (2010): *Estudio observacional de la competición en Baloncesto: ¿Cuáles son las posesiones más eficaces?* Editorial Wanceulen.

- Ibáñez Godoy, S.; Feu, S. y García-Rubio, J. (2020): *Los procesos de formación y rendimiento en Baloncesto: Progresos científicos para su mejora.* Editorial Wanceulen.
- Jackson, Phil (2014): *Once anillos.* Editorial Roca.
- Jozami, Silvina (2019): *Potenciando tu mente deportiva. Neurociencia simple para transforma el rendimiento deportivo.* Editorial Caligrama.
- Marí, Pep (2011): Aprender de los campeones. Plataforma Editorial.
- Marí, Pep (2019): *Equipos campeones: Como convertir un buen equipo en uno mucho mejor.* Editorial Plataforma Impresa.
- Martín Barrero, A. y Camacho Larrazaga, P. (2019): *Nuevas tendencias en entrenamiento y planificación.* Editorial Wanceulen.
- Mora, F. (2014): *¿Cómo funciona el cerebro?* Alianza editorial.
- Mora, F. (2017): *Neuroeducación: sólo se puede aprender de aquello que se ama.* Alianza editorial.
- Navarro Valdivieso, F.; González Ravé, J. M. y Pablos Abella, C. (2014): *Entrenamiento Deportivo. Teoría y Práctica.* Editorial Médica Panamericana.
- Pérez, Marcial (2019): *Mente Deportiva: Entrenar el cerebro para extender los límites del rendimiento.* Autoría Editorial.
- Revuelta Candón, Amalia (2016): *El cerebro decide.* Editorial Fútbol Táctico.
- Tamorri, Stéfano (2004): *Neurociencias y deporte. Psicología deportiva. Procesos mentales del atleta.* Editorial Paidotribo.